潮流 收藏 就看这一本

全面解读现当代紫砂名家及其作品

紫砂收藏投资趋势一本掌握

先看本书再出手

现代 紫砂

名家作品鉴赏投资宝典

堵江华 著

中国艺术研究院
首位紫砂艺术教授

北京联合出版公司
Beijing United Publishing Co.,Ltd.

李正安 堵江华（设计） 堵江华（制） 鱼水情壶
李正安 1954年生，清华大学美术学院教授、博士生导师。《陶瓷科学与艺术》编委，教育部学位中心专家，国家质检总局国家地理标志产品审查专家。主要担任课程有：陶瓷造型基础、陶瓷现代设计史、陶瓷设计、毕业设计、毕业论文。著有《陶瓷的现代设计》《中国陶瓷艺术图典》《外国陶瓷艺术图典》等书籍，《陶瓷设计》获评为清华大学优秀教材。

| 编者序 |

寻找处于价值洼地的紫砂潜力名家的作品

紫砂作为我国陶瓷文化和茶文化相结合的产物,自古就受到人们的喜爱。对于紫砂的发展衍进,有"始于宋,发展盛行于明清,繁荣于当代"的说法。紫砂器的出现最早可追溯到北宋中期。宋代的紫砂虽然只是初创,但却具有很深的人文底蕴。到了明清时期,茶文化的兴起使其迅速发展起来。

到了现当代,随着人们对艺术品收藏投资的日益关注,紫砂也成为人们收藏投资的一个热门。尤其是 2010－2012 年这几年,可以说是有史以来紫砂收藏投资最热的一段时间。一把名人紫砂壶动辄上百万,甚至上千万元。2011 年 5 月嘉德春拍举行的三个紫砂拍卖专场成绩斐然,总成交额超过 1.4 亿元。2011 年北京匡时拍出的"顾景舟云肩如意三头茶具"以 1023.5 万元的天价成交,突破千万元大关。当时,毫无疑问是紫砂的春天。然而,过热的背后往往就会迎来低谷。2012 年后,我国的紫砂市场迎来了相对的低谷期。无论是在拍场中,还是其他紫砂市场,紫砂的价格都大幅度回落。当然,低谷也是相对的。与其说是低谷,将其看做是紫砂市场的调整、理性回归期更为恰当。

虽然，近两年我国的紫砂市场正处于调整和理性回归期，但大多数人仍然具有比较高的投资热情，仍然有许多收藏爱好者、鉴赏家以极高的赏玩情趣，不惜一掷千金，竞相购买、收藏紫砂器。然而当前的紫砂艺术品市场上最高端的已是千万元以上，而包括网络、电视、报刊杂志等各类媒体传递出的各种信息、推出的各类档次名目繁多的紫砂产品都刻意强调其收藏投资价值，其中鱼龙混杂、良莠不齐，使很多紫砂收藏爱好者失去了收藏方向和目标。本书将主要从收藏投资的角度讲述紫砂，用科学的眼光介绍紫砂的材料和工艺，用理性的思维介绍紫砂艺术作品收藏价值评判的基本规律，客观公正地介绍当代最有收藏投资潜力的中青年紫砂艺术家群体。

首先，对于藏老还是藏新，人们有着不同的认识。从历史文化价值方面考虑，自然是老壶更具有收藏价值。然而对于老壶的收藏是最考验人的眼力的。由于现代制砂工艺的逐步完善，对老壶的仿制变得越来越容易，而且极其不易辨别。鉴于这种情况，很多藏家都不敢出手。在这里，编者也建议一些初级藏家最好先不涉猎老壶，如果一定要投资老壶，也应该请精通的专家给予指导。

其次，收藏投资紫砂，最好寻找其价值正处于洼地，还没有完全被挖掘出来的紫砂名家。这些名家，无论技艺水平，还是艺德人品都称得上顶级，但其作品的价值却被人们低估了，未来有很大的升值空间。其中最显著的就是与顾景舟并称"紫砂七老"的蒋蓉、吴云根、朱可心、任淦庭、裴石民、王寅春等六位老艺人。他们的作品都具有相当高的艺术水准，并且与顾景舟大师处于同一时代，但其作品价格却与顾景舟大师的相去甚远。所以说，他们的作品是紫砂收藏和投资中的一块价值洼地，具有相当大的升值空间。

　　同时，收藏投资紫砂，还应该多关注一些现在的中青年优秀紫砂艺人。这些紫砂艺人正处于壮年时期，是紫砂收藏投资中的潜力股。十多年前的顾景舟大师作品，在各大拍卖会上的成交价以几万、十几万元者占绝大多数，高成交价者也仅为百余万元。而如今其作品的拍卖成交价已直逼三千万元大关！试想一下，如果当时有人收藏了顾景舟大师的一件作品，那么今天可以说是赚得盆满钵满了。同样，现在的一些优秀的中青年紫砂艺人，在经过岁月的洗礼后，将来也一定会成长为紫砂大家。而现在收藏他们的紫砂作品正当时。

　　鉴于以上原因，我们出版了这本《现当代紫砂名家作品鉴赏投资宝典》，为广大紫砂爱好者介绍现当代紫砂的一些名家、大家，以及处于价值洼地的一些紫砂名家和极具潜力的一些中青年紫砂艺人，告诉大家投资收藏哪些紫砂家的作品能够不断升值，以及怎样收藏、挑选，让您在紫砂的收藏投资中少走弯路。

编者谨识

堵江华　兰玉壶

目录

1 藏紫砂，不可不知的基础知识

紫砂七老，名垂青史的紫砂典范

中国工艺美术大师，铸就新中国紫砂鼎盛时期

90 年代初即驰名海峡两岸的公认壶界精英

5 成就卓著的壶界资深名家、大师

新世纪崛起的壶坛中坚，广受瞩目的 60 后壶坛精英

 壶坛后起之秀，市场高度关注的 70 后实力新锐

1

藏紫砂，不可不知的基础知识

第一节

紫砂，既可实用又能升值的艺术品

　　当今社会，几乎人人都知道收藏，参与收藏的群体也越来越庞大，但是，其中很多人只是盲目收藏，而盲目通常体现在不知道为什么收藏、怎么收藏以及收藏什么，这导致很多藏友在收藏的道路上走了很多弯路，花了很多冤枉钱。收藏紫砂同样也是如此。很多人只是在盲目跟风，至于为什么收藏，哪些值得收藏，哪些不值得收藏，则知之甚少。

收藏紫砂切忌盲目，捡漏、暴富心态不可取

　　之所以会盲目收藏，一方面是因为很多人可能确实没有认真想过收藏的意

↘ 顾景舟　诗文茶具（五件套）
　　此套茶具壶长 15 厘米，容积 550 毫升；杯长 8.5 厘米，容积 100 毫升。2011 年 6 月 7 日由北京匡时拍出，成交价 9,430,000 元人民币。

↘ **顾景舟　醒钟茶具**

义；另一方面是我们现在的社会环境中，人们受到很多片面强调投资增值、轻易捡漏、一夜暴富的错误引导，没有养成健康的收藏心态。

　　首先，收藏是体现人们生活情趣的一种方式，也是自己审美情趣、学识修养或个人爱好的一种体现。人们的一切努力其实都是为了能够创造幸福快乐的生活，收藏当然也不例外，得到了一把自己心仪的紫砂壶，或拿在手中久久把玩，或用来沏一壶好茶细细品味，都是一件令人身心愉悦的雅事。

　　其次，收藏可以丰富人们的财富存在形式，使人们的财富存在变得更加有趣味、更加有品位。最初人们总认为只有田地、房产、金银、货币、存款等才是财富，实际上这些财富满足生活保障以外的部分其实是没有意义的——房子多了总归是别人住，货币、存款如果一辈子没用也就只是在银行里的一个数字，与自己的现实生活没有任何关系，将来也带不走。而自己钟爱的收藏品则在生活中品赏、把玩之余让自己更真切地感受到自己的成就，一件自己心爱的藏品在陪伴自己一生的过程中不断变化、不断升值，最后还能传承给后人，也是我们留给后人的一种无形的财富。

↘ 蒋蓉　荷叶壶

此壶以两片荷叶自然合成，壶嘴由一新荷悄然生出，取荷梗做壶把，嫩叶做壶盖，一派盎然生机。此壶于 2010 年 6 月 4 日由北京保利拍出，成交价 302,400 元人民币。

藏紫砂，藏的是艺术，更是文化

收藏历来也确实能使人们的财富在收藏行为中起到保值增值作用，也就是说，正确的收藏可以使人们在品味文化、感受快乐的同时增加了一种很有品位又很有趣味的投资方式。

优秀的紫砂艺术作品融陶瓷文化、茶文化以及诗文、书画、篆刻、雕塑等诸多文化元素为一体，既是极具中华文化代表性，也是最能融入生活的艺术品，同时也是极佳的文化载体。因此，与其他门类的艺术品、收藏品相比，优秀的紫砂艺术作品既可实用以提高人们的生活品位，也可欣赏以提高人们的生活情趣，同时又可收藏以丰富人们的财富保存和升值的方式——简而言之，紫砂艺术品集实用、欣赏、把玩、收藏、投资于一体，与人们的生活紧密相关。

何道洪　梅竹双清壶

第二节

你必须了解的紫砂的前世今生

对于收藏，不同的人群、不同的阶层自然会有各自的收藏趣向——古时百姓可能会收藏漂亮的贝壳，贵族可能收藏精美的玉器、秦昭王欲以十五城易和氏璧，唐太宗则愿以千金求右军一字……即使圣贤之人也各有癖好，甘于清贫的文人也会栽竹、养兰、种菊、玩石、藏砚……到了今天，古玩、陶瓷、书画、奇石、紫檀、花梨乃至邮票、钱币、书报杂志等名目繁多，都可以成为人们的收藏内容。而紫砂更是从古至今一直受到人们的追捧。它既可以是皇室贵族手中的一个把玩之物，也可以作为市井百姓饭桌之上的一件日常茶器。

↘裴石民 十果件

裴石民是制作仿生器的好手，这套十果件充分利用了紫砂材质的独特性，通过仿生的手法制作而成。2009 年 11 月 23 日由北京保利拍出，成交价 89,600 元人民币。

陶瓷文化和茶文化共同发展的产物

中国是陶瓷古国，有数千年陶瓷生产史，无论哪个阶层的生活中，陶瓷都无处不在；中国又是茶的故乡，从神农尝百草遇毒得茶而解至今，茶文化也有逾五千年的历史，无论哪个阶层的生活中，茶也无处不在。

紫砂文化则是陶瓷文化和茶文化共同发展的产物，紫砂壶是公认的最适宜泡茶、品茶的茶具，紫砂文化对我们中国人生活、历史和文化的意义也就不言而喻了。现代著名文化学者林语堂就说过："只要有一只茶壶，中国人无论到哪里都是快乐的。"

↘ 时大彬款高僧帽壶

↘ 徐友泉　仿古盉形三足壶

始于北宋的紫砂茶器：一经面世就备受推崇

以紫砂为原材料制成茶具始于北宋，一经面世就得到了文人雅士的珍视，我们从宋朝的一些著名文人的诗词里就能感受得到。欧阳修诗中说道："喜共紫瓯吟且酌，羡君潇洒有余情"；米芾的《满庭芳》词中写道："窗外炉烟似动，开瓶试、一品香泉。轻淘起，香生玉尘，雪溅紫瓯圆"；诗人梅尧臣则有："小石冷泉留早味，紫泥新品泛春华"的佳句；苏东坡则有："银饼泻油浮蚁酒，紫碗铺粟盘龙茶"，"且学公家作茗饮，砖炉石铫行相随"等诗句。这些生活在宋朝鼎盛时期的大文人都把紫瓯、紫碗、石铫这些紫砂茶器当作怡心寄情之物。

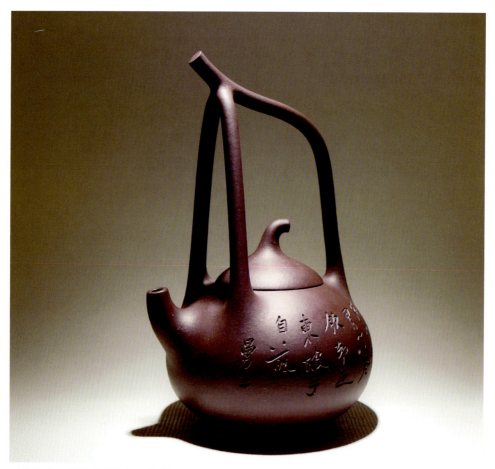

↘ 堵江华　曼生壶型东坡提梁壶

明朝：鼎盛时期，"名家壶"开始出现

到了明朝，因为饮茶方式的改变使紫砂壶成为了最受推崇的茶具，紫砂艺术的发展也进入了历史上第一个鼎盛时期，出现了如供春、时大彬、徐友泉等制壶名家。

名家的出现对紫砂行业发展的意义是极其巨大的！

在紫砂行业成熟之前，几乎大多数传统工艺如玉雕、青铜器皿、陶瓷工艺、漆器等等都已经过长期的发展并各自经历了盛极之时，但几乎所有行业都是以集体创作的面貌出现的，鲜有行业名家传世。紫砂艺术虽然起步和成熟都相对较晚，但也因此有了更多的相关传统文化艺术、工艺美术可以借鉴，使行业的发展有了较高的起点。而成型工艺的独特以及名家的出现，标志着紫砂壶作品的创作、紫砂艺术的发展更注重于制壶人或艺术家的个人风格、艺术思想，一把优秀的紫砂壶也就不仅是日用品、工艺品了，而更具备了艺术作品的属性。同时，紫砂行业

↘ **时大彬　如意纹盖大彬壶**

﹂杨彭年　中石瓢

从初创到成熟的各个时代都有著名的文人或相关
艺术家的积极参与、共同努力，这更丰富了紫砂
艺术的文化内涵，也使得优秀的紫砂作品同时具
备了可以使用、可以把玩、可以品赏、可以养神、
可以悦心乃至可以明理、可以悟道、可以寄情、可
以言志的文化属性，成为了真正具有丰富人文价值的
艺术品和收藏品。

﹂曼生提梁壶

新中国成立后：新鼎盛时期，藏紫砂首先要懂紫砂

　　紫砂陶业从北宋初创到明中期成熟，之后经过数百年的不断发展完善。新中
国成立后，紫砂行业的发展得到了各级政府的热切关怀和大力支持。改革开放以
来，随着我国经济、文化的发展，紫砂行业进入了有史以来最为鼎盛的新时期。

　　改革开放以来，人们的物质生活条件有了很大改善，精神生活也有了更高的

顾景舟　汉铎壶

此壶泥质温润，质坚砂匀，粗而不糙；造型规整，壶身如钟，平嵌盖，与壶融为一体。整器亦朴亦雅，亦古亦今。

需求，使得文化艺术市场的发展有了很好的基础。随着艺术品市场的蓬勃发展，极具中华传统文化代表性的紫砂艺术也越来越多地受到人们的青睐。实际上优秀的紫砂壶作品既能满足人们生活的物质需求，又能使人们得到精神享受，历来都是艺术品收藏市场的重要部分。不过，紫砂市场与其他艺术品市场一样由于没有非常规范的市场环境，很多紫砂收藏爱好者虽然喜欢紫砂也有收藏紫砂艺术品的浓厚兴趣，但缺乏相关的收藏鉴赏经验，没有明晰的收藏方向，而市场上又是鱼龙混杂，一些似是而非的说法以及有意无意的误导，给普通的紫砂收藏爱好者的收藏行为增添了疑惑，也带来了考验。因此，作为有意紫砂收藏的朋友，对紫砂收藏的有关知识要尽可能的有所了解，让自己知道什么样的紫砂作品可以收藏，什么样的紫砂作品适合自己收藏。

蒋蓉　万寿桩壶

此壶取一截树桩为壶体，壶口掩藏在年轮中，精妙自然。壶钮为一神态专注的蛤蟆，化丑为美，体现了蒋蓉大师精湛的技艺。此壶于 2010 年 6 月 4 日由北京保利拍出，成交价 224,000 元人民币。

第三节

老壶价值高，真伪是关键

　　说到收藏，很多时候人们首先会想到古董。收藏紫砂，人们自然也会想到老壶。品质好的"老茶壶"既有艺术价值也有历史价值、文物价值，同时又具有稀缺性，毫无疑问是很有收藏价值的。从近几年的市场状况看，与当代紫砂名家作品的市场表现相比较，老壶的价值应该说还没有得到充分的认识，好的老茶壶还是具有较大的收藏潜力的。

投资老壶要谨慎，多看少出手

　　"老茶壶"一般指民国以前的紫砂壶作品。收藏老壶首先是真伪鉴别，然后从作品的品相、作者的综合素质等因素来评判作品的价值。

↘ 黄玉麟　供春壶

↘ 堵江华　曼生壶型合斗壶

　　老壶的鉴别对收藏者尤其是初涉紫砂收藏的朋友是个普遍性的难题。虽然各个历史阶段的作品在用料特征、工艺手法、器型特点等方面都有相应的时代风格，每个制壶人也有自己个人的风格特点，但从紫砂工艺成熟的明朝中期至今的五百余年来，紫砂壶制作从选料备制到成型工艺技法等方面都非常完整地延续到今天，一般的紫砂收藏爱好者如果遇到仿制技艺较高的伪作时是很难辨别真伪的。收藏市场经过近些年的蓬勃发展，包括老壶在内的"古董"已经让各类"寻宝人"挖掘得相当充分，真正"捡大漏"的机会已经微乎其微了。所以，在没有具备相应的鉴赏能力又没有可靠的鉴赏顾问的时候，对老壶的收藏要非常谨慎。

老壶价值待开发，投资正当时

　　普通的紫砂壶收藏爱好者如果想收藏老壶，先要有个健康的收藏心态，多观察、多比较、多研究，逐步积累鉴别能力。虽然老壶市场已经少有"捡大漏"的机会，但正因为一般收藏爱好者对老壶的鉴赏较难把握，也影响了其对老壶收藏的热情，导致现在从市场状况尤其是拍卖市场看很多不错的老壶的成交价格与当代作品相比反而不高，这其中就存在一些收藏机会可以挖掘。以相对低价买到了一把具有升值空间的老壶，也算是捡漏了。综合近些年一些主流拍卖公司的成交结果看，现当代紫砂大师顾景舟有多件作品成交额超千万元，其他当代大师名家也有较多从百万至数百万元的成交纪录，而老壶达到千万元成交额的只有明代大家时大彬的一件作品，其他能过百万至数百万元的为数

不多。相信未来如果市场中有一些在历史上有较大影响的如时大彬、陈曼生、邵大亨等紫砂大家的精品力作出现，则会对老壶市场有所提振。一些已经具备鉴赏经验的收藏者可以从中寻找有收藏潜力的作品予以关注。

↘ **陈鸣远　四足方壶**

↘ **邵大亨　仿古壶**

重玩赏还是重投资，趣向不同选壶有区别

对于老壶收藏，是用于玩赏还是重于投资，不同的收藏趣向选壶的标准也有所区别。如自藏自赏，则尽可依自己的审美眼光选藏。如果重于投资，作品真伪则至关重要。在把握好真伪的前提下，依据作品的品相、制作者的行业地位、社会影响等与相应作品的市场状况横向比较以判断是否具有收藏投资的潜力。

笔者认识一位重于自得其乐的紫砂收藏爱好者，其与紫砂接触也有些年月，藏壶数量颇丰，对紫砂的收藏尤其是老壶收藏颇有心得。他的收藏观念和心态很值得借鉴——有一次他向笔者展示自己的一件藏品，是一件"大师的名作"，据介绍是在2000年前后（或略早几年）从商家手中以百余元购得，看壶型、看底章为大师印款，捡得大漏，乐而藏之。其实，20世纪90年代大师的作品价格低至数万、高至数十万元。当年价位在几十元至几百元的紫砂壶都是品质一般的大路商品壶，尽管其中也有做工不错的，但与大师的真品相比，即使壶型、外观相近，品质却相差极大，神韵、气度则更难比较。相信该壶友也自知绝无真捡大漏

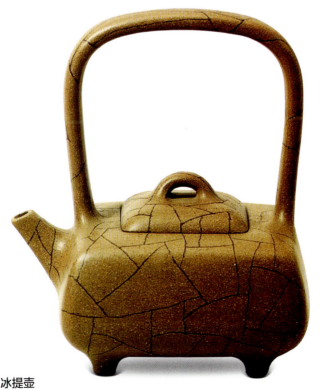

↘ 吕尧臣　冰提壶

↘ 邵大亨　鱼化龙壶

的可能，知假买假虽不可取，但能以极低的价格买了一款自己喜欢的壶型，不以投资为目的也就没有投资风险，自得其乐，也是一种另类的玩壶之趣。

　　不久前，笔者应邀参加一档有关紫砂收藏的电视节目录制，录制现场碰巧也遇到这位壶友作为资深藏壶人参加节目。很有意思的是，他这次带到现场的是自己很钟爱的一款紫砂壶，并介绍了收藏经历以及对这款壶的理解。壶是他从市场

↘ 吕尧臣　唐云　许四海　泸上三友壶

　　此壶长 15 厘米，于 2011 年 6 月 21 日由长风拍卖拍出，成交价 920,000 元人民币。

上用不高的商品壶价格购得的，购买时感觉壶型独特，做工精细，看底款经查找在当代制壶名家中找不到该作者，由此判断是民国以前的老壶，具有很高的收藏价值。后来一个偶然机会居然遇到了此壶的制作者——一个民间艺人，很多年一直制作这款壶，而且自从业起只做这一种壶型。据此，这位壶友居然更加认定自己这把壶有很高的收藏价值。实际上，一生只做一种壶型的肯定不是艺术家，最多只是一个熟练的制壶工人，所制产品即使做工不差也只是实用品，没有艺术价值，也不可能会有很高收藏价值的。

这位资深壶友的两次收藏经历，我们从中可以得到一些认识——对于老壶的鉴别如果没有对紫砂工艺、紫砂历史文化进行深入了解和研究是难以把握的。虽然以这位壶友的心态自我玩赏、自寻其趣，也是紫砂文化有益于人们生活的一个方面，但从收藏投资的角度，则需要树立客观理性的价值评判观念、形成正确的选壶思路才能收藏到真正的具有收藏投资价值的老壶。

↘李茂林款　菊花八瓣壶

第四节

名家壶，收藏投资者的必然选择

　　如果选壶只为实用，可重壶不重"名"；如果重于收藏投资，则重壶更应重"名"。

　　"人间珠玉安足取，岂如阳羡溪头一丸土。"土砂之贵，真的胜过珠玉？其实，清代文人汪文柏诗中赞美的是陈鸣远的作品，贵于珠玉的不是紫砂这种材料，而是陈鸣远用阳羡土砂制作而成的精妙作品。历史上第一部紫砂专著明代周高起所著《阳羡茗壶系》中有述："至名手所作，一壶重不数量，价每一、二十金，使土与黄金争价……"，可见，砂土与金争价，前提是"名手"所作，也就是说与金争价的是"名家壶"。

↘ 陈鸣远　蚕桑壶

名家壶，要"实名"，切忌"虚名"

　　紫砂作品的文化内涵和艺术价值之所以远高于其他传统民间工艺品，其中很重要的原因是紫砂作品更注重人文思想和艺术个性。从目前所能见到的紫砂历史上第一件留下作者印迹的"供春壶"开始，每件紫砂作品上几乎都会留下作者工工整整的名款，每个名款都代表着作者对作品的一份责任，每件作品上不仅能看到作者的工艺技艺，也能感受到作者的创作思想和创作态度。作品上留有名款，名款也就自然成为评判作品价值的重要因素，作者是否名家，当然也就对作品的价值评判有很大影响。在艺术品领域，因"名"而贵的其实不仅是紫砂作品，绘

　　↘ **潘春芳　竹节酒具**
　　此酒具以竹为题材，颇具文人趣味，壶身稳重大方，壶嘴巧作潇竹竹节，爽朗清丽，壶把刚劲有力，衔接自如。

潘春芳简介
　　潘春芳，1936 年生于江苏宜兴，紫砂教授 。1955 年入宜兴紫砂工艺厂，师从朱可心学艺。1964 年毕业于中央工艺美院陶瓷系本科，1978 年进入研究生班。1981 年进入南京艺术学院主持陶艺教学工作。陶艺作品"藏女""石城南瓜茶具""彩釉挂盘"曾获得各种奖项。曾多次在美国、新加坡、加拿大、中国台湾等地讲学。

ↆ **堵江华　虚扁壶**
传统经典壶型，时大彬创，陈鸣远、顾景舟等历代大家都有制作。

画、书法、篆刻、雕塑等其他主流艺术作品也都因名而贵。但衡量紫砂价值之"名"不可为"虚名"，紫砂名家之"名"体现于其作品的美之造型、砂之妙用、艺之精湛，作者的艺术个性、艺术造诣、艺术思想、审美情趣乃至艺德品格是紫砂名家的"名"之根本！

　　紫砂壶因"名"而贵，紫砂壶收藏投资也自然可以在紫砂名家作品中寻找有收藏潜力的精品佳作。而名家作品中，收藏者可以根据自己的投资眼光以及收藏条件寻找适合自己的作品收藏。

名家大师精品力作，永恒的保值升值臻品

　　无论是艺术价值还是收藏投资价值，历朝历代大师名家的精品力作毫无疑问是最受瞩目的。从收藏投资的角度看，各个时代的只要是名副其实的名家艺术臻品，保值升值几乎是永恒的趋势。

　　典籍记载，"明制一壶，值抵一中人家产……"，此一壶当然是指名手佳作。明朝时小小一把紫砂壶价值就抵一户中产阶级的家产，名家艺术精品的内在价值、收藏投资价值在任何时代都会得到社会的认可。

收藏名家壶，看准后，下手一定要快

20世纪80年代早期，陶都宜兴丁蜀镇有一紫砂壶收藏人家中藏有一件清朝制壶大家邵大亨的名作"掇只壶"。当时顾景舟大师以及他的徒弟徐汉棠还有吕尧臣等都多次观摩品赏并希望得到这件大亨经典之作，只是藏家要价较高未能如愿。后藏家因造房缺钱以人民币三万元不到的价格转让给了另一位紫砂收藏人许四海。80年代是改革开放初期，当时刚有万元户的概念，所以三万元当时就不止一户中产阶级的家产了。数年后的90年代初有台商用数万美金想要收藏这件大亨精品，90年代末有个收藏家出价二十万美金，许四海依然不舍。到2010年前后，当代紫砂泰斗顾景舟的作品单价超过千万元，而邵大亨是顾景舟大师最崇拜的历史上少数几位紫砂大家之一，其传世经典"大亨掇只壶"的价值就难以估量了。宜兴当地有个实业家建紫砂博物馆想出高价收藏这件"大亨掇只"，许四海在央视四套节目中透露对方出价一亿元他都未心动，要将这件"大亨掇只"永久作为上海"四海茶具博物馆"的镇馆之宝。

↘ 邵大亨　掇球壶

↘ 汪寅仙　丰衣足食壶

此壶以夸张的葡萄为壶体，丰满圆润。壶身藤叶茂盛，葡萄悬挂，松鼠嬉戏其间。壶长 19.5 厘米，于 2011 年 12 月 6 日由北京保利拍出，成交价 977,500 元人民币。

↘ 汪寅仙　西瓜壶

壶长 18.3 厘米，于 2010 年 8 月 2 日由北京保利拍出，成交价 358,400 元人民币。

　　2005 年左右，一位好友有意收藏紫砂，要笔者给些建议。笔者认为当时受金融危机影响整个紫砂艺术品市场走入低谷后尚处在回暖之初，名家精品价格不高都可以收藏。正好另一藏家有一款顾景舟大师的上乘之作愿意出让，要价 30 多万元，笔者认为物有所值，而好友感觉价格偏高没有出手，结果错失了机会。2010 年嘉德春拍上又遇到这件顾景舟的作品，这位好友用了 448 万元方才拍得，仅仅过了五年就多花了十几倍的价格才如愿以藏！

↘ **顾景舟　上新桥壶**

投资名家壶正当时，精品力作是首选

　　其实，紫砂壶如此，其他艺术品、收藏品都一样，名家精品都是收藏的聚焦点。20 世纪 90 年代书画艺术品市场上吴冠中、陈逸飞等少数名家的作品达到几十万、上百万元时，大家都以为是天价了，一二十年后的今天这些大名家的作品都是动辄数百万、上千万元了。

　　近些年，收藏市场上包括当代艺术品在内的艺术精品的价格数千万元已经是司空见惯，真正进入了亿元时代。去年春拍中当代艺术名家代表性人物之一张晓刚的作品也达到了九千多万港元的成交价格。

↘ **汪寅仙　绿泥夔龙供春壶**

此壶采用产量稀少的绿泥制作，将古银杏树的结块捏塑成一个壶型，生动别致。壶长 18 厘米，于 2011 年 6 月 7 日由北京匡时拍出，成交价 667,000 元人民币。

所以，横向比较，紫砂艺术品市场正处在发展过程中。一些自身经济状况较好的，看好未来经济发展形势的，注重价值投资的收藏家，可以继续关注如顾景舟大师、当代有较大影响的大师名家的精品。这些作品尽管已经有较高的市场定位，但一个名家大师一生真正能留存于世的精品代表力作都是屈指可数的，而通常这些作品都是流向一些实力藏家手中，面世的会越来越少，所以这类作品的未来市场行情稳中有升是必然趋势。但要特别注意的是，同一个大师的作品品质也有较大差异，导致价值或价格差别也会很大，所以即便是泰斗的作品也要遵循按质评价的原则。

↘ **何道洪　大韵壶**

寻找处于价值洼地名家作品的技巧是什么？

前面提到目前紫砂艺术品市场上过千万元的唯顾景舟大师一枝独秀，能有数百万元成交纪录的当代大师作品也屈指可数，那么我们横向比较能否寻找到更有比价优势的作品、发现更好的收藏机会呢？

实际上与顾景舟大师同时代的同样有着突出艺术成就、在紫砂行业中也同样有着不凡影响的就有"紫砂七老"等，他们每个人都有自己独到的艺术风格，都有经典佳作流传于世，但这些艺术前辈的作品市场定位与顾景舟作品有相当大的差距，这就是一片未被挖掘的价值洼地，未来这些卓有造诣的紫砂艺术前辈的作品价值一定会得到收藏界的重新认识。2013 年拍卖中，"紫砂七老"之一的朱可心的一件作品创出 650 万元的最新成交纪录，预示着这片洼地的价值发现趋势已经开始显现。在当代大师名家中，目前能创出过百万乃至数百万元成交纪录的作品为数不多，而实际市场流通的作品多数在十几万元至几十万元之间，这些大师名家由于身处大好时代，他们中肯定有一部分人未来的艺术成就会超越前辈，相信有心的紫砂收藏者会在这里面寻找到很好的收藏投资的机会。

↘裴石民　串顶秦钟

新一代的潜力名家，让你稳赚不赔

无论是紫砂泰斗顾景舟还是当代老一辈造诣突出的大师名家，都是由年轻时经过几十年的磨炼才取得今天的成就。紫砂拍卖中第一件突破千万元大关的"相明石瓢壶"和 2013 年创出 1495 万元成交新高的"寒汀石瓢壶"都是顾景舟大师在 20 世纪 40 年代的作品，也就是说制作这两把壶时顾景舟只是个 30 多岁的青年紫砂艺人，无论当时这两把壶有多么的精妙，有谁会知道这两把壶能在几十年后的今天成为传奇呢？

大师也都是从无名小卒成长起来的

顾景舟大师创 1700 余万元天价成交纪录的"提壁茶具"，从 20 世纪 50 年代中期开始创作，前后制作过多款，当时顾景舟时值中年，还没有获得大师的头衔。最近两年来，各大拍卖行有数件当代老一辈紫砂艺术大师作品达到数百万元的成交单价，其中已经有单件过千万元的最新成交纪录。观察这些作品，多数是

↘ **顾景舟　提壁壶**

↘ 顾景舟　九头咏梅茶具

约二三十年前的作品，当时这些大师也都处在创作精力最旺盛的中年，许多还未成为大师。在 20 世纪 90 年代，包括顾景舟大师在内的紫砂艺术家的作品市场定位基本在数万元至十多万元，单件作品价值几十万元的并不多。经过这些年的市场发展，这些作品都有了十几倍乃至几十倍的升值，当时的收藏和投资人如今可以说是获得了高额的投资回报。

符合这些条件，才是具有升值空间的潜力股

这就给我们今天的紫砂收藏投资者一个很好的启示：在当今的中青年紫砂艺术家群体里，未来同样可能会成长出有非凡成就的艺术大家。而在挖掘这种收藏投资机会时，一方面要注重作品的品质，看作品的器型是否周正、做工是否精良、款识是否考究；更重要的是了解作者的为人品质——作品的品质是评判作品价值的基础，而作者是否有出色的艺术才华、是否有鲜明的艺术个性、是否有独到的艺术思想、是否有优良的艺术品格、是否有诚朴严谨的艺术精神以及作者良好的社会影响和行业地位等在内的诸多综合因素都是决定作品未来价值评判的根本因素。

↘ 何道洪　圣珠提梁壶

　　壶长 16 厘米，于 2011 年 6 月 7 日由北京匡时拍出，
成交价 1,725,000 元人民币。

↘ 何道洪　梅竹双清提梁壶

　　壶长 16.5 厘米，于 2009 年 11 月 23 日由北京保
利拍出，成交价 896,000 元人民币。

　　紫砂爱好者在实际收藏投资过程中，尤其是一些初期接触紫砂的爱好者，可以先关注目前市场定位在数千元至一两万或几万元以内的年轻紫砂艺人或艺术家的作品。而未来有成长潜力的年轻紫砂艺人，在现在的社会环境和行业环境下通常应该具备以下条件：有扎实的传统基础或专业功底、接受过较高程度的文化教育、有独特的艺术个性和思想，同时也要有良好的敬业精神以及对社会和行业都怀有较强的责任心。收藏了这种青年优秀潜力名家的作品就如同买进了高成长的绩优潜力股的原始股，在未来的十几年甚至几十年中让你稳赚不赔！

↘ **高畅壶（堵潮制、苏士澍书、堵江华铭）**

第五节

关于紫砂的种种话题，你都知道吗？

　　紫砂是陶都宜兴的特有产物，相对于其他行业而言，紫砂的产区范围比较小，基本只局限于宜兴丁蜀镇的部分地区，尽管从业人员的基数以及产品总量也不小，但真正品质好的乃至可以归类于艺术品的只是其中相当少的一部分，社会上很多紫砂爱好者接触到品质优异的紫砂作品的机会并不是很多。因为好作品见得不多，了解也就比较少，很多人对紫砂的认识通常只能从各类媒体以及与各类人群的交往中得到，因此对紫砂的了解也就难以全面甚至会出现被误导的情况。最近两年来，紫砂作为极具中华传统文化代表性的艺术门类，有关主流媒体对紫砂行业也颇为关注，也引发了一些有关紫砂的争论，其中也出现了一些如紫砂的原料问题、工艺问题以及紫砂作品的价值认识问题等广大紫砂爱好者关心的热门话题。

↘ 施小马 杨帆壶
　　壶长 15.5 厘米，于 2010 年 8 月 2 日由北京保利拍出，成交价 61,600 元人民币。

话题一：关于紫砂热，还远没有达到

随着人们生活品质的逐步提高，作为人们生活品质标志的茶文化也快速发展，而与茶文化紧密相关的紫砂文化的发展自然也随之水涨船高。最近这几年来，艺术品市场发展迅速，紫砂壶作为最适宜泡茶、品茶的茶具且最能融入人们生活的艺术品，不断受到人们的重视。随着紫砂艺术品成为收藏品市场的主流门类之一，受到了更为广泛的关注！

↘ 高海庚　虎壶

一把紫砂壶上千万，紫砂真的过热了吗？

自从 2010 年春拍已故紫砂艺术泰斗顾景舟的一把石瓢壶"相明石瓢壶"创出 1232 万元的成交纪录后，近几年有多件顾景舟大师的紫砂作品均以超千万元的价格成交，其中 2014 年嘉德春拍中顾景舟的一套"近代 九头咏梅茶具"创出 2875 万元的成交纪录，2011 年保利拍卖顾景舟的十一件套的"提壁茶具"创出 1700 余万元的成交纪录，2013 年顾景舟石瓢壶又创出 1495 万元单件最高成交纪录。同时，更为引人注目的是近两年开始有当代在世紫砂艺术家的紫砂作品超过百万元达到数百万元的成交单价纪录，甚至创出了在世大师的作品拍卖过千万元的最新成交纪录，因此紫砂壶的价值到底有多少成为人们热议的话题，同时也有人担心紫砂是否过热了？

↘ **高海庚（设计）　吴群祥（制）　双龙提梁壶**

　　一把壶能卖数百万乃至过千万元，紫砂市场是否过热了呢？如果简单直观地理解一把用来泡茶的壶价值千万元，确实是个天价！但我们都知道，优秀的紫砂壶作品可以融合陶瓷文化、茶文化以及诗文、书画、雕塑、紫砂陶刻，包括篆刻等诸多中华传统文化元素为一体，极具中华文化代表性。同时，优秀的紫砂作品既可以作为艺术品欣赏、把玩，又具有很强的实用性，是最能融入生活的艺术品，其内在的文化艺术价值完全可以与任何艺术品相媲美，而对于人们生活的意义则有其更为实用的优越性！

↘ **陈国良　巧塑圣桃壶**

　　壶长 17 厘米，2010 年 12 月 5 日由北京匡时拍出，成交价 291,200 元人民币。

横向比较，紫砂热还远没有来到

纵观当今中国艺术品市场，以书画作品为例，抛开古代作品，近现代单价过亿元的作品已不在少数，即使当今一些艺术名家包括一些年轻当代艺术家的当代艺术品单价数千万元者已比比皆是。而目前紫砂行业单价过千万元的数件作品基本都是被誉为紫砂艺术泰斗的已故大师顾景舟与吴湖帆、江寒汀、韩美林等艺术大师合作的作品，其他当代最优秀的紫砂艺术家的作品单价绝大多数还基本定位在几十万元，过百万乃至数百万元的只有极少数的作品。回顾我国近二十多年来的艺术品市场发展，20 世纪 90 年代初中期，顾景舟大师的作品单价就过百万元，其他一些中青年紫砂艺术名家的作品单价从几万到几十万元已经不在少数，而当时国内绘画作品价格能上几十万甚至过百万元的仅有少数如吴冠中、陈逸飞等大家，其他如陈丹青、罗中立、杨飞云等名家的作品也就几万元，而如今他们的作品都已经有数百万乃至数千万元的成交纪录了。如此横向比较一下，可以说许多优秀紫砂艺术作品的市场价值还没有得到充分的发现。因此，就市场而言，紫砂还说不上热，更不能说过热。

↘ **供春壶**

另外，如果我们理性地想，紫砂艺术品并不是生活必需品，果真热了也不影响普通百姓的生活；同时，茶文化作为国人生活品质的标志，如果普通百姓也能在生活中用好壶泡好茶，说明我们国人的生活品质和生活品位也随着经济的发展有了很大的提升，因此可以说，紫砂果真热了那一定是好事！

紫砂价格，还需理性看待

不过，就市场而言，对紫砂作品的价格我是这么认为的：就艺术价值来看，无论是紫砂泰斗顾景舟2785万元的"九头咏梅茶具"或是其他当代大师的作品数百万乃至上千万元的成交纪录，这些都是市场给予优秀紫砂经典作品的价值肯定，对人们认识紫砂艺术作品的价值有着重要意义。但是，以紫砂壶为主体的紫砂作品作为最能融入生活的艺术品，集实用、品赏、把玩、收藏于一体，把艺术欣赏和文化收藏融入到人们生活中来是它的魅力所在。因此，除了极少数有重要意义的作品以外，大多数作品的市场定位还是应该符合市场的发展状况和人们的消费水平的。我个人认为一般品质较好的实用型紫砂壶应定位在数千元（这里当

↘ 堵江华（制壶、铭刻） 慎思壶

◥ 堵江华（制、刻）韩美林（画马）骏风壶

然是指具有收藏潜力的青年艺术家的作品），其中部分优秀的青年艺术家的作品定位在一两万元或略高；一些有影响、有造诣的艺术家以及艺术大师的作品定位应该在几万元至几十万元之间，不宜过分追求高价以免曲高和寡影响行业的正常发展。

话题二：关于紫砂原料，真的快被挖完了吗？

前两三年有关媒体一度关注紫砂且尤为关注紫砂泥料，紫砂泥料也自然成为了人们的热议话题。

担心紫砂原料被挖完是杞人忧天

在很多场合经常会听到说宜兴的紫砂快挖没了，甚至说宜兴的紫砂矿早就被封了，紫砂泥已经没有了。实际上在宜兴，紫砂作为陶土原料中的一种，储量非常丰富。所谓的"紫砂矿早就被封了"是指以前计划经济时期国营宜兴陶瓷公司

↘ 堵潮（制） 堵江华（铭） 石瓢壶

下属的原料矿因为长期开采，至后期开采成本越来越高，综合各方面因素影响到开采环境而导致停止开采经营。就紫砂泥料的现状来看，一来紫砂行业内有关从业人员或企业都有大量存储，有些做高端作品的从业者本来用料就不多但存泥却不少，恐怕自己一辈子也用不完；二来还有其他优质矿源在源源不断地被开采，完全没有必要担心紫砂原料的问题。

宜兴紫砂，重泥料，更重文化内涵

紫砂泥料"稀缺"之所以能成为热门话题，也可能是因为一些从业人员尤其是一些商家由于自身理解的局限性或出于商业利益而误导了市场。实际上，紫砂艺术的价值或意义不仅在于紫砂这种优异的材质，更在于它丰厚的文化积累。紫砂从字面看是一种材料，但我们现在通常所说的紫砂就是"宜兴紫砂文化"的概称。紫砂文化是宜兴悠久的陶瓷文化和茶文化共同发展的成果。

行业内外经常有人说紫砂泥是宜兴独有且稀缺的，一些商人以此来提升其商业价值，笔者认为更确切的应该说类似紫砂这种陶土材料未必只有宜兴有（当然，目前还没有发现其他地区有比宜兴更好的紫砂矿），而紫砂文化是宜兴独有的！或许有些人会认为一旦其他地方也发现了紫砂泥料就可能会影响到宜兴紫砂的市场发展，笔者觉得这完全是杞人忧天。比方说书法艺术依托宣纸与毛笔才能体现，宣纸与毛笔也是我国独有的产品，试想如果西方发达国家如德国等也来研究宣纸与毛笔的制造难道会造不出来？但即使德国造出了比我们更好的宣纸和毛笔，书法依然毫无疑问是我们中华的文化。因此，宜兴紫砂行业的从业人员应该要有最起码的认识与自信。

紫砂料是原料好，还是使用"着色剂"后更好？

另外一些初接触紫砂壶的朋友常会关心紫砂泥料品质是否优良、是否是原矿。确实，品质优良的紫砂泥料是制作出紫砂佳作的重要前提。用优质紫砂泥料制作的壶表面质朴自然，有淳润温雅的光泽，俗称"水色"好；同时，既然称之为砂，无论粗细都会有颗粒质感，且又粗而不糙，看似砂上金铁，抚摸却有温润之感。

↘顾景舟（设计）高海庚（制） 蛤蟆莲蓬

以横卧的莲蓬为壶身，卷曲的荷叶为流，细长的藕茎为把，以双红菱、藕片为足，莲蓬顶上塑爬伏其上的蛤蟆作钮，形象、逼真、生动。

⟍ 季益顺　雪中情壶

壶长 7.5 厘米，2011 年 6 月 21 日由长风拍卖拍出，成交价 218,500 元人民币。

原矿、原创等都是近几年流行的新名词。所谓原矿应该是指从紫砂泥矿里挖出后不加任何色料直接澄炼后的色泽自然的紫砂泥。自然的紫砂泥料成色质朴、内敛、自然、温雅，一般的紫砂原料泥因为自身含有比较丰富的金属元素而呈现比较丰富的泥色，其中主要有紫泥、红泥和段泥（浅黄色），以原料泥相互配比后色泽会更加丰富，无须另加着色剂就可以直接使用，而且可以满足我们一般的用料要求。

⟍ 堵潮　清华水木系列

同时紫砂前辈也从其他陶瓷行业用着色剂调配陶瓷胎料中得到启发，在宜兴紫砂生产中加以运用，使宜兴紫砂的生产过程中有了更多的呈色变化，使紫砂

↘ **吕俊杰 提梁壶**

产品的呈色更加丰富和完善，满足了人们日益多元的审美需求！需要说明的是，天然的紫砂泥料之所以能有比较丰富的呈色也是因为其自身就含有相应的金属元素，因此天然的紫砂泥和添加有着色剂的紫砂泥本质上基本没有区别，在使用中也不会有明显的差异。两者的主要区别在于天然的紫砂泥呈色自然，添加有着色剂的紫砂则呈色更为丰富，可以满足更多人群的主观审美要求。

↘ **曹亚麟 竹壶**

　　此壶造型别出心裁，壶身呈半节竹筒状，壶盖上是一只惟妙惟肖的知了，加上"竹"谐音"足"，寓意"知足"，壶身上以绞泥装饰更是赏心悦目。

泥料的不同与紫砂壶作品的优劣没有必然联系

　　初接触紫砂壶在选择紫砂作品时，如果不能辨别紫砂料的品质，有个最简单的办法就是不选那种做工粗糙、价格低廉的低档产品。道理很简单：中高档紫砂作品的价值构成中泥料成本只占较少部分，作者不会去选择劣质泥料以免浪费自己的时间和贬低自己的作品价值。在选择中高档作品时，只需根据自己对泥料的色泽、颗粒质感、光泽度等方面的喜好程度做出选择。

↘ 顾景舟　华颖壶

　　这里特别需要说明的是：低档紫砂壶虽然观赏性差些，但只要烧成温度达到，在泡茶的功能上与中高档作品不会有太大的区别。经常遇到有一些初级紫砂壶爱好者会问：市场上廉价的低档壶能不能用？会不会对人有害？很显然这是受到了某些错误信息的误导。最低档的紫砂壶起码也是经过一千多度高温烧制而成，陶土中无论什么成分经高温烧制成陶后就是极稳定的陶瓷胎体构成部分，不可能与超不过100℃的水发生任何反应，也就不可能对茶水带来任何不好的影响。

↘ 吕尧臣　熊猫壶

↘ 蒋蓉　蛤蟆捕虫水盂

此水盂以树桩做壶身，深刻的年轮言说意境之悠远；侧枝做嘴，壶嘴斜下方静卧一只小虫；蛤蟆做柄，蓄势待发。两物栩栩如生，一静一动，饶有兴致。此壶 2010 年 12 月 5 日由北京匡时拍出，成交价 261,600 元人民币。

　　对紫砂行业比较熟悉的人应该知道，在最低档紫砂类产品中过去国营紫砂工艺厂大批量生产的有一种侧把茶洗，还有一种专门炖鸡煲汤的紫砂汽锅。这些茶洗或汽锅用最低档的紫砂泥料、最低端快捷的生产工艺，为了节省人工成本又要使表面红润光泽，就采用蘸浆工艺，即在胎体表面用或喷或刷或浸泡等手法施一层亚光釉，而浆料调色则以氧化铁即铁红粉为主。这些产品中，汽锅在国宾馆、大酒楼炖的鸡、煲的汤香浓味美，侧把茶洗则长期、大批量出口日本。因此，我们完全不用担心紫砂壶的安全与质量问题。

话题三：关于紫砂工艺的话题："全手工""半手工""模具壶"

　　最近一段时间紫砂成型工艺成了爱壶者，尤其是初接触紫砂壶的朋友们关心的话题，所谓"全手工""半手工""模具壶"等概念给市场也带来了不小的迷惑，所以有必要做些介绍让紫砂爱好者们对紫砂壶的成型方法有个客观的认识。

↘张守智（设计）汪寅仙（制）　曲壶
　　是汪大师光货类作品中最具代表性的一件，对汪寅仙大师个人具有里程碑式的意义。该作品由清华大学美术学院张守智教授设计，是传统工艺与学院派文人创作思维完美结合的典范作品。

什么是全手工壶，什么是模具壶？

　　紫砂壶的独特之处一方面是因为得天独厚的紫砂泥料，同时也因为它独特的成型工艺。从生产历史来看，紫砂器的成型从用模（即如斫木为模等）到无模（即用泥条拍打或泥片镶接成型）再到无模和有模（即用泥条拍打或泥片镶接成型后再用预制的模具准型）并存。一些初接触紫砂壶的朋友常会问起"全手工壶""半手工壶""模具壶"的概念，实际上准确地说没有明确的所谓"全手工壶""半手工壶""模具壶"之分，它们之间的区别主要在于前者是壶体由泥条拍打或泥片镶接后直接成型；后者是用泥条拍打或泥片镶接成型后再增加一道用预先制作的石膏模子准型工序后制成的壶体（用石膏模子给壶体准型的目的是使壶形更加周正）。

两者比较，制作过程中有一些区别，但制作方法及制作过程的略微差异和最终的作品的优劣没有必然的联系。用泥条拍打或泥片镶接是紫砂器自身独有的成型方式，由明朝从供春到时大彬期间的紫砂艺术家不断摸索、总结到成熟后就一直延续至今。自古至今，这种成型方法是紫砂从业者必须进行训练和掌握的。新中国成立后，经过以顾景舟大师为代表的众多紫砂艺人的共同努力，借鉴一些其他陶瓷行业的成型方法，总结出了用石膏模具搪胚整形的壶体成型方法，即在过去用泥条拍打或泥片镶接成型之后，再增加一道用石膏模具给壶体准型的工序，以使壶体造型更周正，更利于达到理想的形体设计。应该说用石膏模具搪胚整型这道工序的产生是紫砂成型方式的补充和完善，也是紫砂生产中的一种发展和进步，很大程度上拓展了紫砂艺术作品的形体表现能力，也对紫砂行业的作品品质整体提升起到了很大的促进作用，对整个行业的发展具有积极意义。实际上，在紫砂历史上就有使用模具，只是那时候没有石膏模，一般都采用木模、石模或陶模等，因为吸水性差，不利于生产而没能得到广泛的使用。

全手工壶一定比模具壶好吗？

可能有些对紫砂作品制作生产过程不了解的人会认为"全手工壶"做得慢、产量低，误认为用"模子"做壶一压就完成一个壶，像复印机一样，产量会很

↘ 徐汉棠　龙宫宝灯

↘ **汪寅仙　葵花酒具**

高，所以认为"手工壶"应该比
"模子壶"更有价值，这是对紫砂
的成型过程缺乏全面的了解。实际
上，决定产量的不是成型方式而是
作者的主观思想，一个熟练的紫砂从业
者如果没有艺术追求，可以一天拍五个十个
身筒甚至制作完成；一个艺术大师也可以用
数天或数月甚至数年去精心构思一个理想的
形体，制作一个母模后可以反复审视以求尽
量完美，然后以此制作模具作为辅助只做一
件作品！前后两者的价值如何评判呢?

↘ **周桂珍　三线提梁壶**

　　我们换个角度看，如果是艺术家创作一件艺术品，从技术上讲用什么方法
对他而言都不是问题，他要考虑的是用什么方法最能达到自己的艺术创作要求；
如果是一个紫砂从业者制作实用产品，那他当然应该选择他自己认为能够提高
效率和提高作品品质的制作方法来完成作品。紫砂从业者无论用哪种成型方法

◥ **徐俊　云玲珑壶**

最根本的是要向紫砂爱好者或使用者提供好品质的作品，因为作品的品质才是作品价值最重要的基础！片面地强调作品的成型方式并想以此提升作品价值的观点意义不是很大。早先紫砂成型工艺还没有进步的年代，所有紫砂从业者包括相当部分为耕作之余的农妇都是使用名副其实的"全手工"来制作产品，价格有些也极其低廉。这并不是要说"全手工"工艺本身不值钱，而是说明传统紫砂成型工艺并不神秘；而壶艺泰斗顾景舟与高庄教授合作的提壁壶、汪寅仙大师与张守智教授合作的曲壶等等很多经典作品都是借助或部分借助模具辅助才得以完美地体现，这些作品都是代表当今最高紫砂艺术成就，同时也成为了紫砂艺术品市场的价格标杆。所以说成型工艺本身与作品品质没有必然联系，与作品价值也就没有必然联系。

　　另外，我们从事紫砂作品制作的从业者都明白：要制作精致的紫砂作品，就必须有精巧恰当的辅助工具，而能否设计、制作出恰有针对性的包括模具在内的辅助工具是衡量一个紫砂从业者工艺水平的重要参考。可以这么说：学会拍身筒、镶壶体等传统紫砂工艺只是一个紫砂从业者的初级阶段，而从作品的造型设

↘ 汪寅仙　夔龙青铜纹四足壶

　　夔龙图案的壶造型古朴大方，轮廓周正，色泽雅致，嘴、把、盖、滴、口装饰集中国古代青铜器及玉器装饰手法，是显示紫砂技艺力度的典雅之作。壶长20厘米，2011年6月7日由北京匡时拍出，成交价1,322,500元人民币。

↘ 汪寅仙　蝉衣斑竹壶

　　壶长20厘米，2011年6月21日由长风拍卖拍出，成交价2,300,000元人民币。

计到母模制作而后模具制作是需要有较高水准的紫砂从业者才能完成的。

要继承传统，更要勇于创新

　　紫砂独特的成型工艺是紫砂传统文化的重要构成部分，作为优秀的传统工艺技艺必须要认真传承和弘扬。紫砂成型过程中工序和方法的差异，与作品的品质优劣没有必然联系。决定作品价值或意义的不在于成型方法，而是作品的品质。鼓励有思想、有学养的紫砂艺术工作者在继承传统的同时积极探索、寻求能够提升作品艺术品质、提高作品制作效率的新方法、新技艺。在传承的基础上发展，而行业发展才是对传统最好的保护。要成为一个真正具备收藏潜力的优秀紫砂艺术家，在掌握精湛的紫砂传统成型技艺的同时，还必须具备造型设计能力、技术创新能力和艺术思考能力；要有传承文化的能力，更要有努力积累发展文化的能力。

　　我们在充分肯定紫砂传统成型工艺的同时，一定要明白任何行业、任何工艺、任何技艺都不可能永远一成不变，总是会随着社会的发展、文化的进步而不

↘ 何廷初　蟹篓茶具

断地完善、不断地求新。如果固步自封、墨守成规，行业的发展就必然会走到尽头。总的来说，紫砂优异的材料和独特的工艺固然重要，但过分地强调材料的稀缺和工艺的神秘则既不客观也不科学，同时也是一种不自信的表现。

话题四：关于"职称"的话题：看重职称又不能完全看重

职称是评判作品价值或市场价格的重要参考之一。专业技术职称是有关部门或机构组织通过相关的考核对专业技术人员的专业技术水平、能力以及成就的认定，所以一般来讲职称可以反映一个专业技术人员的水平、能力现状。我们所说的评判作品价值的基础是作品自身的品质，评判作品未来的收藏价值要看制作者的个人素质和综合信息，而其职称就属于综合信息的内容之一，因此评判作品价值或市场价格时可以将职称作为重要参考之一。

紫砂职称通常有技术员（工艺美术员）、助理工艺美术师、工艺美术师、高级工艺美术师，还有省工艺美术名人、省工艺美术大师以及中国工艺美术大师等荣誉称号。一般认为职称越高则作品市场价格也越高，但实际市场上并不是这么简单地按级划分壶的价格。

↘ **曹亚麟　龙壶**

↘ 何道洪 梅竹双清壶

此壶将雄健敦厚、浑朴圆润等鲜明的"道洪风格"与精工极致的"花货功夫"充分展示，是何道洪大师的经典代表作之一。

职称不能完全反映一个人的艺术水平

但凡与名利相关的事总不会很简单或很单纯。紫砂从业人员由于各自的思维、处世的习惯、与社会交往的性格都有不同，对参与职称评审的积极性也有较大差异。所以会出现有些从业者水平不低但职称不高；有些从业者水平不高而职称不低。例如有些较有性格的从业者重于自身实力的积累不愿参与职称评审过程中的繁杂流程甚至视为俗流，导致实力不俗但职称不高甚至没有职称，这样的紫砂艺术家有一个不小的群体。也有的从业者热衷职称而且善于经营，可能职称很高但水平一般，甚至还有些本来就不是制壶人为了利于经商也搞了个职称，这在市场上也是有的。

所以，从收藏投资的角度选壶，职称是参考但不能简单挂钩。其中比较典型的例子是何道洪大师，大家称其何大师，实际上大家都知道何道洪老师参加"中国工艺美术大师"评审不止一次，同辈人评上多位，但他就是没评上。可是，目前就市场看，何道洪大师的壶价记录是最高的。这几年，行业里有一个青年紫砂艺术家群体，他们重传统、重功力，但职称较低或没有职称，但作品市场定位却不比一些高工甚至一些大师低。

同样的职称，市场定位也不完全相同

另外，同样的职称，市场定位也可能差异很大，收藏投资的潜力也可能完全不同。例如一个年轻工艺师和一个老工艺师制作了一款相近的壶型，泥料、做工品质也比较接近，可能老工艺师的从业时间长、知名度高，市场定位就可能较年轻工艺师高出不少。但是，从收藏投资的角度看，老工艺师基本已经定型了，而年轻工艺师年轻时就具备了与老工艺师相近的能力技艺，未来还有无限的成长、发展空间和机会，毫无疑问，这件年轻工艺师作品的收藏投资升值潜力要大得多。

↘ 许成权　竹段提梁壶

总的来说，职称是影响紫砂作品的市场价格的因素之一，但收藏投资还是要看壶的品质以及作者职称以外的综合因素。

↘ 何道洪　神竹壶

此壶造型端庄稳重，腹大收肩，壶把、壶嘴与壶钮为竹节造型，浑圆古拙，壶身贴塑立体的竹枝叶片，疏朗清雅，竹香雅韵。

↘ **王石耕　高菱花茶具**

话题五：关于"代工"的话题：代工都是不可容忍的吗？

　　"代工"这个词存在于诸多行业，宜兴陶瓷行业协会史俊棠会长也曾经表示："市场经济下，追名逐利之风渗透各行各业时，宜兴紫砂也难以独善其身。"

　　就紫砂行业关于代工的话题首先必须指出的是：一些作者为了追求利益利用自己的"名气"也就是利用市场对自己的信任，雇用他人扩大自己的产量，同时又隐瞒真实情况，以抬高作品的价格来欺骗市场、欺骗广大紫砂爱好者的行为，这一定会受到社会的唾弃。

理性看待代工现象

　　既然紫砂行业的代工现象客观存在，甚至有关媒体及坊间传闻部分大师名家也存在代工行为，作为

↘ **顾绍培　怀宝壶**

↘ **葛明仙　葡萄提梁壶**

紫砂爱好者们应该如何面对呢？其实普通紫砂爱好者也可以理性地看待客观存在代工现象。紫砂作品中有艺术创作作品和日用工艺品之分。

艺术作品所包含的价值的主要构成部分是艺术家自身的艺术思想和艺术创造，如果是代工产品就不是艺术家自己的劳动，就不具备艺术品的属性，也就不称其为艺术品，价值评判也就不能以艺术作品来看待。

但普通的归类于日用工艺品的紫砂作品，衡量它的价值时主要注重作品的用料、造型、工艺、烧成等方面，看作品能否融实用、欣赏、把玩为一体。有些紫砂爱好者选壶时只看作品不看印章也就是只看作品的品质而不论作者是谁，这就比较适合于日用紫砂壶的选择。相对于这类产品，不在意作者是谁，是否代工也就关系不大了。因为既然归类于日用产品，它的印章更相当于其他行业产品的厂家字号或标识。宜兴紫砂工艺厂在改制前尤其是改革开放前的产品在相当一段时间里都是统一用的"中国宜兴"印章。那个时期国营紫砂厂接到了生产任务或出口订单，如果厂内不能完成生产任务，就把部分数量的订单安排给厂外乡下的制壶艺人按产品要求制作完成，也用"中国宜兴"印章——这其实也是另一种意义的代工。

↘ **季益顺　紫气东来壶**
壶长 18 厘米，2011 年 6 月 21 日由长风拍卖拍出，成交价 97,750 元人民币。

　　具体到目前的紫砂业内，面对存在的代工行为，我认为一些大师名家如果是利用自己的"身份"找人代工后又当作自己的"真品"去蒙骗爱壶者以渔利，这就是艺德问题了，这样的大师、这样的名家一旦让人发现自然就失信于人，而这类作品也终究会失宠于市场。

用途不同，选择不同

　　简而言之，与社会上任何行业一样，紫砂行业的代工问题客观存在，而紫砂爱好者也应该理性对待。在选择紫砂壶时，可以先考虑一下自己买壶的用途。如果只是当作一件日用茶具时，只要从作品的工艺性和实用性来做鉴别，通常是看作品的用料是否恰当、造型是否满意、制作工艺是否精到、烧成火候是否合适、使用把玩是否得心应手等，不必太在意作者是谁，也就不会受"代工"之扰了；如果是收藏投资之用，那在注重作品的工艺性、实用性的同时，作品所包含的艺术思想、艺术创造和作者的综合信息就更为重要了，包括作者艺术造诣以及作者的艺德品格，或者说此件作品是否代工或该作者平时是否乐于代工也是你评判此件作品价值的重要因素了。

↘ 葛军 一帆风顺壶

话题六：电视、网络购物等经营模式对紫砂市场的影响

紫砂是一种文化，如果当作产品则产品终会有尽头会被取代，唯有优秀文化会流传。

大批量生产的产品是没有收藏价值的

近几年来，电视、网络购物发展迅速，经营的商品五花八门，紫砂壶也成为了其中热门的经营内容。不过，行业里对此差评居多，尤其是对一些电视购物内容批评还相当激烈。据说主导这些电视销售紫砂产品的通常不是宜兴紫砂行业内的人。因为这些年紫砂受到了社会的关注，市场日趋兴旺，外地商客看到了其中的巨大商机，将经营工业化产品的经营手法运用到紫砂产品的经营中。一般是使用某些题材如奥运、世博、"神舟"上天、航母下海等出一些有纪念性的批量产品，利用电视购物栏目的传播优势来实现数量可观的销售。受到业内较多贬评的是有些商家邀请一些紫砂大师参与其中，而推的产品却较为粗劣，甚至用注浆成型、蘸浆、喷浆（蘸浆、喷浆即类似壶面施亚光釉）来完成产品，而宣传上却大夸其多么的具有收藏价值，如何能升值。这确实对紫砂市场有较大的负面影响。几乎所有的电视购物栏目中在介绍所推紫砂产品时，毫无例外地从多方面强调其收藏价值，升值空间。实际上这些产品通常都是批量生产的，而大批量生产的商品基本是没有收藏价值的。

客观理性看待紫砂的电视、网络销售

然而电视、网络购物也不是一无是处。对初涉紫砂壶收藏的爱好者而言，谨慎面对电视购物中的紫砂壶的同时，也有可取之处。由于好品质的、真正有收藏价值的紫砂壶作品总归属于少数，市场上的产品也良莠不齐，难以选择。而经营电视购物的商家从控制经营风险的角度看，相信也会在商品质量上有所重视，其中也可能确实有一些大师参与了项目，亲手制作当然是不可能，但也许会对产品质量监督有所作用。虽然因批量大而失去收藏价值优势，但换个思路，数量再怎么大也无法与邮、币、卡等动辄数十万的印刷发行量相比，现在已几乎对生活无用的邮、币、卡也都有收藏价值，那如果品质确实不错的紫砂壶，即使是电视购物中的产品，从长远看也不能说完全没有收藏价值。

以笔者的观点，其实我们更应该看到积极的一面。电视、网络以其信息传播的超强能力可以说已经在主导现代人的生活、经济、文化等方方面面。紫砂进入电视购物、网络销售是必然之事。作为紫砂从业人员要意识到，别人确实会不考虑一些行为对行业的伤害，可以捞一把就走。但紫砂从业人员尤其是一些有较大行业影响力的名家大师有机会也可以以合适的方式积极参与，传导正确的专业信息，从而引导紫砂艺术市场能够健康地发展。

2

紫砂七老，
名垂青史的紫砂典范

壶艺泰斗——顾景舟

壶林凤魁——蒋蓉

虚怀可清天地心——朱可心

「鸣远第二」——裴石民

师古不泥——王寅春

传道授业——吴云根

陶刻泰斗——任淦庭

壶艺泰斗——顾景舟

　　顾景舟（1915 年—1996 年）原名景洲，早年曾用艺名"武陵逸人""瘦萍"等，晚年爱用"老萍"。江苏宜兴川埠上袁村（今紫砂村）人。少时就读于蜀山东坡书院，成年后随祖母邵氏制坯，因天资出众，亦受益于家中制壶客师的传授，二十岁左右即跻身于壶艺好手行列。20 世纪 30 年代后期应邀至上海仿制古壶，每遇历代名作，反复揣摩，悉心研究，使得技艺更加精湛。1954 年进入宜兴蜀山陶业合作社，1959 年被任命为宜兴紫砂厂技术研究室副主任和技术股副股长，1982 年被国家评定为工艺美术师，1989 年晋升为高级工艺美术师。1988 年被授予"中国工艺美术大师"称号，是紫砂历史上首位获此殊荣的紫砂艺术家。1992 年，在宜兴第三届陶艺节紫砂国际文化研讨上，他发表了《紫砂陶史概论》，他的精辟论述，受到紫砂陶艺界人士的一致好评。他在垂暮之年，将自己一生几十年的创作实践经验总结归纳，亲自编著《宜兴紫砂珍赏》，由中国香港三联书店出版发行，在紫砂陶史上写下了光辉的一页。

　　顾景舟大师是紫砂界公认的一代宗师、壶艺泰斗，为紫砂艺术的传承和发展作出了巨大贡献。他用毕生的精力对数百年的紫砂艺术发展史进行梳理，对历

↘ **顾景舟　石瓢壶**

于 20 世纪 40 年代制作，由吴湖帆题字画，是具有历史意义的文人紫砂代表作品。与其他作品相比显得更加丰满、更有气度，成为标志性的"景舟石瓢"。此壶 2010 年以 1232 万元成交，成为紫砂界首件单价超过千万元的作品。

↘ 顾景舟　大梅花茶具

↘ 顾景舟　云肩如意茶具（三件套）

壶长 18 厘米，杯长 7 厘米，2011 年 6 月 7 日由北京匡时拍出，成交价 10,235,000 元人民币。

代大师的经典佳作深入研究，并融入自己的审美思想对
这些经典进行再创作而成为更加精彩的不朽之作。同时，
顾景舟大师一生不断进取，勇于求新，他与中央工艺美
术学院高庄教授合作"提壁茶具"成为由传统工艺与
学院派文人创作思维完美结合的典范作品。

　　顾景舟大师是当代紫砂文化的集大成者，其作
品让世人充分领略了紫砂之精神、气质、神韵，
代表了一个时代的高峰。他以精湛的工艺技艺、
高洁的艺术品格、丰硕的艺术成就在紫砂文化发
展史上写下了辉煌的篇章。已故著名艺术大师亚明
先生在世时曾经有评："紫砂自明正德至今五百余年，
高手不过十余人。顾兄景舟当为近代大师。顾壶可见华
夏之哲学精神、文学气息、绘画神韵。"

↘ **顾景舟　鹧鸪壶**

↘ **顾景舟　提壁套具**
　　由中央工艺美术学院高庄教授与顾景舟合作，成为由传统工艺与学院派文人创作思维完美结合
的典范作品。此组作品在 2011 年创当时的市场最高纪录 17,825,000 万元。

↘ **顾景舟　上新桥壶**
顾景舟大师的代表作之一。此壶 2010 年嘉德拍卖以 448 万元成交。

↘ **顾景舟　匏瓜壶**

↘ 顾景舟　僧帽壶

顾景舟制作的僧帽壶把紫砂的形、质、神发挥的淋漓尽致。此壶轮廓清晰、锋芒内敛、造型上节奏紧凑、浑然一体。壶长15厘米，2010年6月4日由北京保利拍出，成交价3,136,000元人民币。

↘ 顾景舟　笑樱壶

↘ 顾景舟　如意仿古壶

此壶精妙之处在于壶腹饰以如意纹，与桥形如意钮相呼应，于传统造型中见新意。壶身似一端正周整的圆扁葫芦，古朴典雅。

壶林凤魁——蒋蓉

蒋蓉，当代中国工艺美术大师，为紫砂艺术界著名的"七大老艺人"之一。也是其中唯一的女性，是位德高望重的花货大师。

蒋蓉（1919 — 2008），别号林凤，江苏省宜兴市川埠潜洛人。11 岁随父亲蒋鸿泉学艺，1940 — 1947 年由伯父蒋鸿高带至上海制作仿古紫砂器，1955 年参加宜兴蜀山陶业生产合作社，1956 年，被江苏省人民政府任命为紫砂工艺"技术辅导"，创作荷花壶、牡丹壶等，并为周恩来总理出国访问赶制像真果品 20 套。1957 年制作佛手壶，尝试注浆工艺制作茶壶，提高工效，满足出口订货需要。1958 年创作金瓜壶、菱形壶、南瓜烟缸、大栗杯、竹根等数十个品种，批量生产。1973 年后，创作白藕酒具、琵琶笔架、蛤蟆捕虫水盂、树桩盆等作品，1983 年后有百寿树桩壶、玉兔拜月壶、菊蕊花蝶壶、松果壶、双龙紫砂砚等问世。1989 年被授于"高级工艺美术师"职称，1993 年被授予"中国工艺美术大师"称号。

↘ **蒋蓉　牡丹壶**
　　是蒋蓉大师晚年的代表作品之一。该壶从取材、构思以及泥料的选用、泥色的搭配、细部的处理，都充分体现了蒋蓉大师在花货紫砂作品上精湛的技艺和精深的艺术造诣。

蒋蓉 范曾　莲藕倒流壶

　　此壶由蒋蓉制作，范曾绘画书法，堪称紫砂书画艺术界两位泰斗级人物的天作之合。壶长 17 厘米，2009 年 11 月 23 日由北京保利拍出，成交价 1,344,000 元人民币。

↘**蒋蓉　莲花茶具**

做壶先做人，创造了紫砂仿生艺术的高峰

　　蒋蓉大师文思敏捷，才华出众，从艺七十余年，把毕生的精力都献给了紫砂事业。她对紫砂艺术有着非常深刻的理解，她认为：艺术是发现、提炼、厚积薄发；技术是千锤百炼、功到自成。紫砂壶艺是文化和技艺共同积累的结果，和其他所有艺术一样，技术是艺术的基础，而艺术则能给人们精神上赏心悦目的享受。

　　在艺术实践中，蒋蓉大师善于将动物、植物、花果等自然形体，经过艺术提炼、创造，自如运用于紫砂作品之中，设色与造型逼真，融合了艺术美感与自然生趣，形象色泽及表面肌理都有妙趣天成之感，其创作大多以自然界瓜果、动植物为题材，表现手法以仿生为主，作品形象生动、色彩绚丽，形成了独特的紫砂艺术风格。可以说蒋蓉大师在仿生类紫砂艺术方面的造诣代表了一个时代的高峰。

　　大师受人敬仰的不仅是艺术上的成就，也在于她淡定平和、不追名逐利的心态，更在于她宽厚仁慈的胸怀。她说："紫砂艺术是我国的传统艺术，是民族瑰宝，把它传统继承好是我们紫砂艺术行业的从业人员的共同职责；作为一个紫砂艺人，做壶是做艺，做艺也是做人，需要全身心的投入，要认真做人，认真做艺。"在当今艺术界因门第之见或名利之争而出现的相互难以协调甚至相互诋毁的现象时有耳闻，蒋蓉大师用她高尚的艺德告诉紫砂后人们"大师"的真正意义。

↘ **蒋蓉　笔筒（三件）**

源于生活的花货大师

　　蒋蓉大师在七十余年的紫砂艺术生涯中，在继承传统的基础上，艺术创新方面的成就尤为显著。历史上在紫砂花货上有很大成就的艺术大家不是很多，可供借鉴的优秀作品也有局限，所以蒋蓉大师的创作更多的是源于生活，在大自然中去寻找题材，通过仔细观察，吸取自然、提炼自然，经过反复推敲、认真总结。即使到了八旬，蒋蓉大师仍然在不断地创新。她晚年也常对晚辈们说："艺无止境，紫砂艺术尤其是花货艺术源于生活而高于生活，大自然是创作取之不尽的艺术源泉，只要认定了目标去努力、去追求，就一定会取得好的成绩。"

　　蒋蓉大师在她一生的创作生涯中先后创作了两百多个品种的高档紫砂壶和工艺品，创作的代表作品有："莲花茶具""束柴三友""荷花壶""牡丹壶""芒果壶""南瓜壶""莲藕酒具""蛤蟆捕虫水盂"等，并发表了《师法造化，博采众长》的紫砂专论。代表作品"荷花壶"在全国工业会议上评为"特等奖"，并为周恩来总理出访东南亚等国家制作礼品；代表作品"荸荠壶"被英国维多利亚博物馆收藏；代表作品"琵琶笔架"作为国宝被北京中南海紫光阁收藏。

↘ **蒋蓉　百果壶**

　　壶高 10 厘米，2008 年 4 月 27 日由中国嘉德拍出，成交价 280,000 元人民币。

↘ **蒋蓉　石榴树蛙壶**

　　此壶以一截石榴树如立起的扁鼓作为壶身，一只大蛤蟆攀伏作为壶把，此壶局部雕琢和整体布局相互映衬，既自然又显情趣。以壶长 13.5 厘米，2010 年 6 月 4 日由北京保利拍出，成交价 896,000 元人民币。

虚怀可清天地心——朱可心

在新中国成立前后，为继承传统和推动紫砂艺术发展作出巨大贡献的著名紫砂七艺人中，朱可心是对行业极具影响、极受后人敬仰的一位紫砂素饰花货巨匠。

朱可心（1904—1986）出生于江苏省宜兴市丁蜀镇蜀山北厂。原名朱开长（凯长），艺名"可心"，寓意"虚心者，可师也"，也取"山中一杯水，可清天地心"之意。其15岁时拜紫砂艺人汪升义为师。1932年创作紫砂名作"云龙鼎"，参加美国芝加哥博览会时荣获特级优奖；另一名作"竹节鼎"在上海豫园展出时，被宋庆龄收藏，现藏上海宋庆龄故居。 新中国成立后，朱可心为紫砂建厂创始人之一。1953年12月的"全国民间艺人观摩大会"，朱可心携作品"云龙壶""圆松竹梅壶"参展。1959年其作品"松鼠葡萄壶""松竹梅三友壶"被选入中国工艺美术巡回展出国展出，并获一等奖。1959年他费时四个多月精心仿制南京博物院珍藏圣思桃杯获殊荣。朱可心在20世纪70年代为周恩来总理出访

﹗ **朱可心 彩蝶壶**

此壶立意新颖，取花香蝶至之意，以简托繁，翠蝶作纽，颇有画龙点睛之妙，壶身浑厚简朴，如钟似碗，既美观又实用。

↘朱可心　报春茶具

日本制造了"可心梨式"赠日本田中角荣首相，并且设计"常青壶""彩碟壶"，现藏于江苏宜兴陶瓷博物馆。1978年被评为"工艺美术师"，被誉为"壶艺泰斗""一代宗师"。

技艺精湛多个第一人

在朱可心大师的徒弟汪寅仙大师、潘春芳老师等人的回忆中，朱可心大师在紫砂艺术发展历史上，师古不泥，勇于创新，在同道七大著名艺人中创造了好几个"第一"：第一个夺取了国际大奖，1932年朱可心大师的作品"云龙鼎"获百年一度的美国芝加哥博览会"特级优奖"；第一个在新中国成立后的1953年"全国美术工艺观摩大会"上获得国内大奖；朱可心大师是第一个进入高等美术院校进修的紫砂艺人，1954年参加中央美术学院华东分院民间美术工艺研究班，系统学习了有关工艺美术理论；第一个参与企业管理，1954年合作化后，即担任副主任负责技术管理；第一个开发设计了一种造型多种装饰的系列产品，满足了人们的需要，等等。

朱可心大师在几十年的紫砂艺术实践中，他积累了极为精深的艺术造诣。他技艺全面，创作题材广泛，壶、鼎、瓶、盆、假山石景等均有涉猎。一生中创作了数以百计的紫砂新品，其中许多作品成为了现代紫砂史上的经典作品，如云龙鼎、竹节鼎、报春壶、云龙壶、彩蝶壶、松鼠葡萄壶、松竹梅三友壶等等。

早在1932年春，朱可心被邀为参加美国芝加哥博览会创作参展作品。他经过反复思考，与前辈、同道共同探讨，决定创作"云龙鼎"。制作成功的云龙鼎，鼎身饰以江海波涛中巨龙仰首，向天空喷吐万珠水花，鼎盖上三片祥云托起一轮红日，三只鼎足也饰以浪波。整件作品雄健大气，雕镂生动，而紫泥温润的色泽、淳朴的品质、独具的表面肌理效果使作品更显出飞扬的神采。此鼎参加美国

↘ **可心款　松报春壶**

↘ 朱可心　玉笠壶

芝加哥博览会展示令各界赞叹，并摘取桂冠，获得"特级优奖"。云龙鼎一做成，朱可心乘着成功之兴，运用自己在紫砂竹器上的特长，又设计出一款竹节鼎。竹节鼎高古大气、清韵雅致，此作在上海展出时，宋庆龄大为赏识并定购收藏，现存于上海宋庆龄故居。

淡泊名利，师之楷模

在朱可心大师的艺术生涯中，除了自身在艺术传承、艺术创新上取得卓越成就之外，在艺徒培训、培育紫砂艺术传人的工作上也做出了巨大努力。他毫无保留地传授技艺，以身示范，严厉严谨，用一丝不苟的创作态度影响后代。在他的言传身教下，培养出了一批如汪寅仙、潘春芳、许成权、李碧芳、曹婉芬、谢曼伦、王小龙、高丽君、范洪泉、倪顺等在当代紫砂艺术界极有艺术成就的大师或紫砂艺术名家，为当今紫砂艺苑的繁荣发展起到极其重要的作用。

↘ **朱可心　肖樱壶**
　　壶长 18 厘米，2011 年 6 月 21 日由长风拍卖拍出，成交价 483,000 元人民币。

　　历史上，紫砂业界门派之别，素来有之。朱可心大师胸襟宽广，抛开门户之见，一视同仁。这在当今艺术界，说起来容易做起来却不易，特别是在资格、功夫、艺术见解上难分伯仲，难见高下的同辈艺人当中，这就更需要包融、更需要肚量。朱可心大师用他的一生为当今紫砂艺人树立了师之楷模。

　　朱可心大师受人敬仰的还有他的一生清风，淡泊名利。即使是到了晚年，依然清贫甘苦、勤俭朴实、不受利诱、保持晚节。进入 80 年代，随着改革开放，国门也打开，紫砂艺术品首先在港台地区受到青睐。朱可心作为当代制壶巨匠，花货素饰器一代宗师，自然也成了港台紫砂市场中引人注目的追逐对象。朱可心大师本来对自己的作品就极为严谨，之前的作品也已基本捐献给了博物馆。加上由于身体的原因，已到晚年的他就更少有作品流到市场。一些商人为了渔利，欲用朱可心大师的印章制假，而他秉持磊落的品行不为金钱而折腰，到自己已无力作壶时让家人当面将印章全部销毁。这在紫砂市场中假冒、代工等现象时有耳闻的当今社会是尤为值得人们敬仰的风范。

"鸣远第二"——裴石民

裴石民（1892—1976），原名裴云庆，又名裴德铭，江苏宜兴蜀山人。1907年拜江祖臣为师。20世纪20年代之后享"鸣远第二"之名，改名裴石民。1955年参加了蜀山陶业生产合作社，由江苏省人民政府任命为紫砂工艺技术辅导员，成为著名的"紫砂七大老艺人"之一。有代表各时期的如"松段壶""南瓜壶""荷叶壶""五蝠蟠桃壶""牛盖莲子壶""三足鼎壶""串顶秦钟壶"等经典名作传世。

民国时期，很多紫砂名手时常会被古董商邀去上海制作紫砂器，其中相当部分是仿制明清作品。当时如江案卿、范大生、汪生义、程寿珍以及后来包括裴石民、顾景舟在内的新中国成立后紫砂著名七老艺人，在民国时期都曾经到上海做过仿古紫砂。应该说这既是他们的一种谋生手段，但同时客观上他们也因此使自己的工艺技艺有了极大的提高。

摩制鸣远壶，崭露头角

裴石民第一次被邀到上海是在民国六年（1917）。可以说这一步的迈出对裴石民日后在紫砂艺术上取得的成就是一个关键的转折。裴石民到上海后在古董商

↘ **裴石民　三足传炉壶**
　　壶长 19 厘米，2011 年 6 月 21 日由长风拍卖拍出，成交价 1,725,000 元人民币。

那里第一次有幸见到了宜兴紫砂史上最著名
的高手之一清康熙年间陈鸣远的真迹。

陈鸣远（1622－1735），宜兴人，字鸣
远，号鹤峰，又号石霞山人、壶隐，他制壶技艺
精湛全面，又极具开创性，所制自然型茗壶及仿古
器皿造型多样，妙精古趣，艺术成就代表了一个历
史时代的高峰。经过对陈鸣远作品的反复观摩，
裴石民开阔了艺术眼界。在对陈鸣远作品"天鸡
壶""凤首壶"等作品的摩制中，也充分展示了裴
石民的艺术天赋，摩制的过程也使他的技艺功力得到
了极大的提升。此后，裴石民在高手林立的紫砂艺人
行列开始崭露头角，并逐步跻身于名手之列。

↘**裴石民　荷花蜜蜂壶**

崭露头角后的裴石民，开始有机会和一些名人雅士交流切磋，也有更多的机
会接触到一些精彩的历史作品，而最让裴石民痴迷的依然是陈鸣远的像生类作
品。此后裴石民仿制陈鸣远形态各异的古壶、古尊、古鼎、古瓶、古盆，或仿像
生类瓜果菜蔬，均能细腻逼真、惟妙惟肖，技艺之精湛在 20 世纪 20 年代至 30
代达到高峰期，闻名行业内外，影响也已经远远超过了师傅江祖臣以及如陈光明
等紫砂名手，在紫砂界赢得了"鸣远第二"的美誉。

↘**裴石民　三色南瓜壶**
　　壶高 13 厘米，2008 年 4 月 27 日由中国嘉德拍出，成交价 313,600 元人民币。

技艺精进，佳作频出

1923 年，裴石民为宜兴名士储南强收藏的"供春壶"配盖，并由同为宜兴名士的潘稚亮镌铭题记。题记为"作壶者，供春。误为瓜者，黄玉麟。五百年后黄宾虹识为瘿，英人以二万金易之未能。重为制盖者石民，题记者稚君。" 1924年，裴石民又为储南强收藏的"圣思桃杯"配制托盘成功。这两件作品在宜兴紫砂史上都有比较重要的历史意义。

20 世纪 40 年代抗日战争时期，百业萧条，裴石民在这个阶段干脆闭门简出，潜心创作。很多代表裴石民艺术风格和艺术高度的经典作品都出自这个阶段，如"松段壶""南瓜壶""荷叶壶"等以及如"田螺水盂"系列、"螃蟹荷叶盘"、"十件果品"系列等像生类紫砂文玩作品。这个时期裴石民以平淡的心境自创自乐，作品求新、求变、求精、求妙，反而在这个阶段技艺功力日臻精绝。

1955 年春，裴石民参加了蜀山陶业生产合作社，专门负责从事各类紫砂器的设计工作，并由江苏省人民政府任命为紫砂工艺技术辅导员，成为著名的"紫砂七大艺人"之一。在这个时期，裴石民艺术造诣真正进入了他的鼎盛时期，"五蝠蟠桃壶""牛盖莲子壶""三足鼎壶""串顶秦钟壶"等传世经典名作都是在这个阶段相继问世。

↘裴石民　梅段壶

师古不泥——王寅春

王寅春（1897 - 1977），祖籍江苏镇江，父辈定居宜兴上袁村（今紫砂村）。13 岁时，拜赵送亭为先生，在其陶坊随金阿寿为师，学习紫砂壶艺。1921 年起，因他制坯手艺特好，上海客户向他长期定制各式水平壶，他用印"阳羡惜阴室王"盖于壶底，"寅春"章盖于壶盖内，从而名扬上海。后来蜀山金石篆刻家潘稚亮刻"王寅春"方章相赠，他珍爱此印，一生一直用这方印钤于壶底。1954 年 10 月参加蜀山陶业生产合作社，1956 年担任成型辅导员。多次承制国家领导人出国礼品，有"亚明方壶""六瓣高瓜酒壶""梅花周盘""裙花提梁壶"等代表作品传世，为"紫砂七大老艺人"之一。

擅于创新，做出又快又好的寅春壶

王寅春也因为出色的紫砂技艺于 20 世纪 30 年代中期到上海为古董商龚怀希仿制紫砂古器，也使他有机会接触到了很多明清的紫砂精品。他反复揣摩历代名家经典作品的造型特点，研究古人的制作手法，把握住各前辈名人造壶的形和神，成功地复制了时大彬、徐友泉、陈子畦、陈鸣远等诸位大家的作品，也成就了自己的艺术造诣。

王寅春是紫砂制作功力很深的艺人，又是位勤奋多产的名艺人，制作茶壶以又快又好而著称。他所制的茶壶，造型雍容大方，规矩挺括，光润和洽，口盖准缝严密，令人赞叹不已，人称"寅春壶"。

↘ **王寅春　六方抽角**

↘ **王寅春 半菊壶**

　　造型别致，壶盖与壶身塑成菊花造型，花瓣分布均匀，包浆圆润，壶把上翘起燕尾，趣味盎然，壶式古朴风雅，不愧大家之作。

　　王寅春制壶又快又好一方面是基于他深厚的艺术功力，同时也在于他善于冥想巧思而不是一味地墨守成规。20 世纪 30 年代中期，有一次"吴德盛"陶器公司有 300 只小花盆的生意因限定两月内交货，无人敢接，因为合同要求逾期不交货要罚款。当时为了维持生活，王寅春明知难做还硬是接下这单生意。但如果按照正常的制作方法要按时交出合格的 300 只花盆是件极难的事情。王寅春从古人"斫木为模"的成型方法中得到启示，创出了以木模搪胚的方法，提高了效率且使花盆的造型更为精确周正。这也是王寅春为日后紫砂成型方法的完善（即增加了用模具搪胚准型的方法）打下了基础。

　　紫砂筋纹器作品也是体现王寅春技艺精湛的重要部分。紫砂筋纹器的口盖准缝严合是一个重要的着眼点。20 世纪 30 年代中期为古董商龚怀希仿制紫砂古器时，紫砂筋纹器是王寅春重要的研究类型。为了能使作品口盖更为严合，在龚怀希的帮助下，请德国专家专门制作了口盖及其他部位的样板。样板用薄型金属片做成，高度精密，当时国内是没有设备和技术能制作出来的。应该说这为王寅春能留下诸多传世的紫砂筋纹器作品起了极大作用。也证明紫砂创作实践中也应该和任何行业一样，师古不泥、勇于创新，善于学习、吸收先进的技术，才能有新的收获。

佳作无数，作品多被选为国礼

新中国成立后，王寅春被政府邀请成为著名的"紫砂七大老艺人"之一，为紫砂行业的传承发展作出了很大的努力，为紫砂艺术界培养了一大批艺术人才。20世纪60年代，王寅春多次承制国家礼品，为国家为集体作出了很大贡献。在同辈人中，王寅春为人朴实、乐于助人、爱徒如子是人所共知的。王寅春1958年在厂里带徒工，有一次他制作了一把"牛盖洋桶壶"，作品线条流畅，光润饱满，全班徒工看到后很是羡慕，心里都希望有一把作为珍藏。后来，他得知大家的心思，在70年代，年事已高之时，竟然连续十多天，做了近50把"牛盖洋桶壶"，使每个爱徒都得了一把，这批充满情感的"牛盖洋桶壶"件件挺拔端正、光泽和润，得者视之如宝，此事至今传为美谈。

王寅春从艺六十多年，创制了无数的紫砂精品。光货、花货、方货、筋囊货各个紫砂器型门类，都有经典传世。王寅春的作品无论光素器还是花塑器都带有强烈的个性：方器规矩挺括，敦厚朴实；筋纹器精妙大方，耐人玩味。留下有"亚明四方壶""梅瓣壶""玉笠壶""铜锤六方壶""六方菱花壶""碗形肩线壶""四方条纹壶""元条茶具""寅春书词扁壶""四方升壶""高一节竹段壶""六瓣酒具""高流京钟壶"等数十个品种的精彩作品，在70多岁高龄后依然创作出了经典代表作品之一的"裙花提梁壶"。

↘ 王寅春　碗灯壶

↘王寅春　朱泥梅花周盘壶

↘王寅春　六方菱花壶

传道授业——吴云根

吴云根（1892－1969），曾用名芝莱，江苏宜兴和桥人，14 岁拜汪升义（生义）为师。1915 年到山西省平定县平民陶器厂任技师，1929 年受聘于南京中央大学陶瓷科当技术员，1931 年受聘于江苏省立陶瓷职业学校窑业科任技师，1954 年进入蜀山陶业生产合作社，1955 年 11 月开始为紫砂厂招收的第一批学员传授紫砂制作技艺，1956 年被江苏省人民政府任命为紫砂"技术辅导员"，成为著名的"紫砂七大老艺人"之一。为当今紫砂艺术界培养出了如高海庚、汪寅仙、吕尧臣以及葛明仙、何挺初、范洪泉等极有影响力的紫砂艺术大师和名家。

早年经历，打下坚实的基础

1915 年，山西省平定县平民陶器厂到宜兴请名手到山西做技师发展当地的陶业。吴云根和当时的紫砂名手杨阿时、李宝珍等成为民国时期宜兴陶业界首批被外省邀请的技师。吴云根在山西不仅充分发挥了他熟练的成型技艺，同时他的聪明才智也有了展现。他用山西当地的窑炉烧制成类似宜兴紫砂的山西陶器。在这期间曾数次为当时山西省省长阎锡山仿制宜兴壶。吴云根在山西平定县任技师三年，对山西平定的陶业发展起到很大的作用，并为当地培养出了一批制陶技术人员。

1929 年，吴云根受聘于南京中央大学陶瓷科当技术员，又结识了民国时期的紫砂职业教育家、江苏省立陶校校长王世杰，并于 1931 年受聘于江苏省立陶瓷职业学校窑业科任技师。在这期间，他还将自己的师弟朱可心推荐进

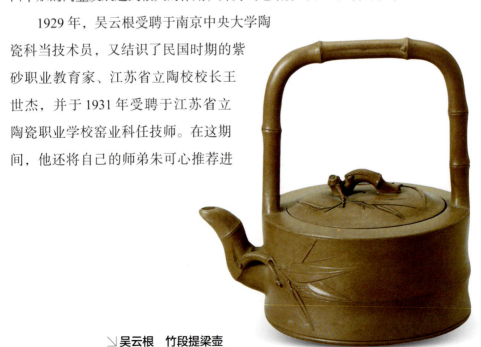

﹀**吴云根　竹段提梁壶**

校担任技师，两人共同总结前人经验，在王世杰校长的支持协助下以自身的制壶体会为基础，编写紫砂技术教材，为当时的紫砂制作技艺教育做了大量工作。

传道授业，名师出高徒

1954 年吴云根参加蜀山陶业生产合作社，蜀山陶业生产合作社是宜兴紫砂工艺厂的前身，他也成为了宜兴紫砂工艺厂主要创办人之一。其中，吴云根在紫砂工艺人才培养上作出了尤为突出的贡献。1955 年 11 月开始，紫砂厂开始招收第一批学员培养紫砂制作技艺人才。吴云根担任紫砂成型技术辅导员，他的学生有高海庚、王洪君、王亚杰、史济华、鲍秀云等。

↘吴云根　提梁孤菱壶

方中富圆，圆中见方，虚与实所营造的空间，使壶富有浓郁的古色古香的韵味，简约之间尽显雅和之气。

↘吴云根　大竹段五件套壶

1956年，江苏省人民政府郑重任命了七个紫砂名艺人为"技术辅导员"，这在当时是一种极高的荣誉，既表达政府对紫砂行业发展的重视，也是对这些优秀的紫砂艺术名手在行业里的地位以及艺术造诣的肯定。吴云根就是其中之一，这极大地鼓舞了他的工作热情。1956年11月，紫砂厂招收第二批学员共30名，其中汪寅仙、葛明仙、何挺初、范洪泉、许慈媛、范盘冲、王月仙、李有仙、朱丽君、吴欣南、吉德宝、方立品、史玉琴、葛岳彬、陈秀云等15名由吴云根负责带领培养。1958年紫砂厂又招收新一批学员，吴云根又添新学员有吕尧臣、吴震、周坤生、程辉、俞金凤、吉奋英、周林生、张树林、顾玉英、刘生娣、周洪科、崔红妹、唐素秋等。1961年后，厂部又陆续安排储立之、鲍志强等人在吴云根身边学习。

我们只要看以上学员名单就知道，其中当今最有成就、最有影响的几位中国工艺美术大师如汪寅仙、吕尧臣、鲍志强等都曾经得到吴云根老艺人的言传身教。这也显示着吴云根对当今紫砂艺术界的深刻影响。

↘ **吴云根　东坡提梁壶**

壶长 17 厘米，2010 年 8 月 2 日由北京保利拍出，成交价 156,800 元人民币。

↘ **吴云根　绞竹提梁壶**

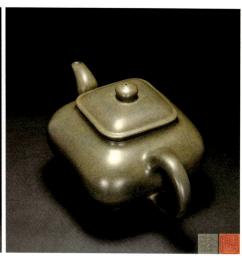

↘吴云根　传炉壶

技艺全面，擅长各种器型

吴云根生性耿直，脾气倔犟，喜欢主持公道、直言仗义，同时又心地善良，宽厚仁慈。在艺术成就方面，所谓壶如其人，吴云根的作品也显示出温厚稳重、朴雅润泽的气度。他技艺全面，擅长光器、花货、筋囊器等各类器型的创作，而尤以竹货见长，风貌独具，有代表作"竹段提梁壶"等为传世经典。而他的另一件作品光货代表作之一"线圆壶"，尤见他对点、线、面、体的妙精领悟，简约之间尽显雅和之气，是近现代最优秀的紫砂光货经典器型之一。其他还有众多代表作品，光货有："线云壶""菱角茶具""传炉壶""觚菱壶""春亭壶""鱼罩壶""龙胆壶"等；筋纹器有："上合梅""合菱"等；花货品种较多，如"方竹提梁壶""桃碗壶""柿子壶""大型竹节""上竹段壶""圆竹提梁壶""竹鼓""大型竹节咖啡壶"等，其中，"特制大型竹节咖啡具"是国庆十周年时特别为人民大会堂而作。

纵观老艺人吴云根一生，为人仗义耿直、宽厚善良、待人真诚；工作上顾全大局、尽职敬业；艺术上博采众长，成就卓越，蜚声壶界，并有"声名盖及师，来者有几人"的赞语；新中国成立后，他尤其是在带徒授艺、培养人才方面，没有门户之见，热诚和蔼、平易近人，培养了一批又一批优秀紫砂艺术人才，为传承紫砂艺术事业作出了不可磨灭的贡献！

陶刻泰斗——任淦庭

任淦庭，1890 年出生于江苏宜兴归径乡陆平村。宜兴自古物华天宝、人杰地灵，不仅紫砂名盛天下，书画艺术、刻纸艺术等都有杰出的艺术大家，徐悲鸿、吴冠中两位大师都代表了各自时代的艺术巅峰，刻纸艺术方面芮金富也代表了一个时代的艺术高峰。任淦庭的出生地陆平村则是宜兴刻纸艺术的主要发展地区，而刻纸又是任家世代家传。传至任淦庭这辈时因家境不佳，仅其兄长随父坚持刻纸，其余兄弟只能另谋生计。任淦庭幼时耳聋但未失聪，虽只念了三年私塾，但刻纸世家给他以耳濡目染，激发了他的艺术天赋，且刻苦好学，时常以树枝席地学画习字，年少时即令乡邻刮目。

贵人相帮，技艺渐成

1905 年，任淦庭拜宜兴紫砂雕塑彩绘名手、民间画师卢兰芳为师，既学习书画，亦学习紫砂陶刻，与后来也为紫砂陶刻名手的陈少亭成为同门师兄弟。之后师兄弟俩跟随师父卢兰芳经常至蜀山、上袁一带彩绘陶刻。卢兰芳也经常应邀

↘ **任淦庭　竹刻红盘**

↘ **任淦庭、徐秀堂 纤筒（对组）**

至上海为戏院剧团画布景，师兄弟俩跟随师父左右，虽然辛苦，却使自己的艺术功底大有长进。这期间师兄陈少亭对任淦庭的关心爱护对任淦庭的学业成长起了很大的帮助。任淦庭自幼耳聋，学艺时往往因听不清话不得要领而受师父的训斥。陈少亭耐心地将师父所授再逐一重新解释给任淦庭。这个时期，任淦庭在师父的言传心授、师兄的辅助帮带下，书画陶刻技艺已渐有所成。

在学艺时期对任淦庭给予很大帮助的还有当时的紫砂陶刻名手，艺名为"北岩"的邵云如。卢兰芳带着徒弟至上袁、蜀山一带陶刻彩绘时经常住在邵云如家，工作之余也与邵云如切磋技艺。邵云如得知任淦庭有耳聋毛病却刻苦用功便格外关心任淦庭，也视任淦庭如自家弟子，耐心传授技艺，使任淦庭得益匪浅。

民国初年，卢兰芳被聘至上海永安公司任专职画师，任淦庭开始自立门户，以陶刻彩绘为生，一般以紫砂器具为主，其时署款一般为"干庭""大聋""聋人"等。

1916年，宜兴陶业名人吴汉文创办了"宜兴吴德盛陶器行"。吴汉文为陶刻名家、收藏家，也擅制壶，阅历广博，交友甚众。"吴德盛"创办之初，聘请卢兰芳、邵云如、崔克顺、陈研卿、陈少亭、任淦庭等艺人长年替"吴德盛"制品

↘ 任淦庭（刻）　铺首大方尊

陶刻装饰。不言不语、埋头学艺的任淦庭受到吴汉文的器重，开始着力培养。任淦庭也加倍努力，学习吴汉文的刀法技艺。经过几年的磨炼，任淦庭的刀法逐渐纯熟，成为吴汉文的得力助手。

双手同刻，"吴德盛"的金字招牌

任淦庭年幼时为左撇子，写字作画都用左手。至吴德盛后，在吴汉文的要求下练习使用右手。经过刻苦训练，竟练成左右手能同时书画雕刻的"绝技"。他在同一器具上做成双成对的飞禽走兽，或是在成对器物上做飞禽动物时，能用左右手，同时题书作画，且布局舒坦，形象生动，可谓宜兴紫砂陶刻历史上的奇人独创绝技之一。20 世纪 20 年代以后，"吴德盛"出品的壶、瓶、盆、鼎、盘类制品，上面精彩的书画陶刻装饰许多出自任淦庭之手。任淦庭在"吴德盛"也更得器重。30 年代之后，"吴德盛"名号越来越响，其"金鼎商标"也成为

↘ 任淦庭（刻）"松鹤延年"诗文大花瓶

↘ 任淦庭　吴汉笔筒

↘ 任淦庭（刻绘）棱形花盆

陶业金字招牌。当时，吴汉文与书画名流、名人政要交往更加密切，进入"吴德盛"最兴盛的时期。由于对任淦庭的信任器重，吴汉文所收藏的古器玩物、紫砂珍品皆不对任淦庭回避，使任淦庭大饱眼福，提升了艺术眼界。吴汉文与书画名流的合作中也让任淦庭积极参与。这个时期任淦庭的陶刻艺术水准已入佳境，成为名副其实的陶刻高手，其时署款多为"干庭"、"左民"、"左腕道人"等。

抗日战争爆发后，盛极一时的"吴德盛"遭日军飞机轰炸被夷为平地。战争使宜兴窑场败落，陶业极度萧条。抗战后期，窑场渐有恢复，任淦庭受聘于蜀山"毛顺兴陶器厂"，与陶刻同道蒋永西（艺名"岩如"）结为挚友，两人搭档合作。经常由任淦庭画，蒋永西刻，两人合作的陶刻作品署款为"漱石"。任淦庭自画自刻的款署号为"石溪"。

新的顶峰，迎来艺术的春天

新中国成立后，紫砂行业受到国家政府的高度重视和大力扶持，1955年"蜀山陶业生产合作社"成立，任淦庭受聘担任技术人员，并担任理监事。1956年任淦庭被江苏省政府任命为技术辅导员，成为著名的"紫砂七大老艺人"之一。1957年和朱可心、顾景舟等参加北京召开的"全国工艺美术艺人代表大会"，和朱德委员长同坐一席。这个时期，已过六旬的任淦庭真正开始了他的艺术春天，开始为新中国的紫砂艺术行业悉心培养艺徒。同时，任淦庭的艺术成就也进入了

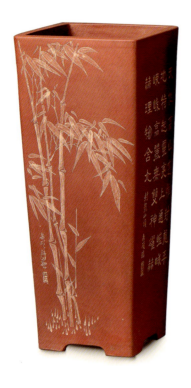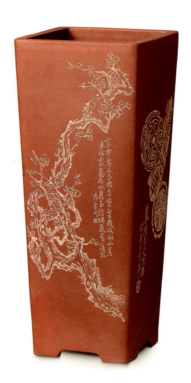

↘ **任淦庭 徐秀棠　扦筒（一对）**

新的鼎峰时期。其间，任淦庭的作品，不仅题材多样，也将时代风貌融入作品，如"解放一江山岛"等作品记述时代事件，具有鲜明的时代特征；作品"渔舟听莺""蜡梅喜鹊"以画面生动、创意鲜明而被南京博物院收藏。20 世纪 50 年代至 60 年代期间，任淦庭创作了大量优秀的紫砂陶刻作品，题材广泛，画面内容包含山水、花鸟、人物、梅、竹、兰、菊等；书法则正、草、隶、篆、钟鼎文、甲骨文等各种书体，刀法精妙且丰富，充分展现了他的艺术功力和造诣。这个时期署款多为"任淦庭""缶硕"等。

　　任淦庭一生对紫砂行业最大的贡献是他为新中国紫砂行业培养了一批优秀的陶刻人才，当今紫砂陶刻界徐秀棠、谭泉海、鲍志强、毛国强、沈汉生、咸仲英、鲍仲梅等大师或名家都出自他的门下，是新中国的紫砂陶刻界承前启后且对后世最具影响的陶刻泰斗、一代宗师！

堵江华　清风提梁壶

3

中国工艺美术大师，
铸就新中国紫砂鼎盛时期

徐汉棠　顾景舟入室大弟子

徐秀棠　紫砂雕塑前无古人

李昌鸿　顾派李门掌门人

谭泉海　风格独特的陶刻大师

吕尧臣　独创「吕氏绞泥」的壶艺魔术师

汪寅仙　德艺双馨，艺术大家

……

徐汉棠　顾景舟入室大弟子

　　徐汉棠，1932 年出生于江苏宜兴，中国工艺美术大师，中国工艺美术学会会员，中国陶瓷协会会员，宜兴紫砂文化艺术研究专委会顾问。1954 年师从顾景舟大师学艺，1955 年参加蜀山陶业生产合作社（宜兴紫砂工艺厂前身），1960年 3 月随同师父顾景舟一起进紫砂研究所专事设计和创新，1975 年进入中央工艺美院陶瓷系深造。

　　1984 年进入宜兴紫砂工艺二厂任总工艺师、紫砂研究所所长。代表作有："古兽窥今壶""四方冰裂壶""四方藏园""三代同堂壶"等。1984 年设计创作的"五头上六茶具"获全国陶艺评比二等奖，同年作品"什锦水平组壶"获江苏省四新产品评比一等奖；他的代表作品还有："裙花提梁壶""菱花提梁壶""龙宫宝灯壶"以及"微型花盆"等。

↘ **徐汉棠　菱花提梁壶**

↘ **徐汉棠　四方开片冰纹壶**

　　壶高 12 厘米，2008 年 4 月 27 日由中国嘉德
拍出，成交价 134,400 元人民币。

↘ **徐汉棠　掇只壶**

↘ **徐汉棠（制）韩天衡（刻）　秦权壶**

　　壶长 16 厘米，2011 年 6 月 21 日由长风拍卖拍出，成交价 862,500 元人民币。

徐秀棠　紫砂雕塑前无古人

徐秀棠，1937 年出生于江苏宜兴蜀山紫砂世家，中国工艺美术大师，中国美术家协会会员，中国美术家协会陶瓷艺术委员会委员，江苏省民间艺术家协会副主席，江苏省工艺美术学会陶艺专委会主任。1954 年拜紫砂陶刻著名老艺人任淦庭为师学习紫砂陶刻，1955 年 1 月随师父进入蜀山陶业生产合作社（紫砂工艺厂前身），1958 年参加轻工部与中央工艺美术学院举办的中国民间雕塑研究班，结业后转入中央工艺美术学院"泥人张"张景祜工作室学习彩塑，1959 年回紫砂工艺厂从事陶刻陶艺创作，主攻紫砂雕塑。

徐秀棠大师是目前紫砂界唯一因雕塑艺术成为拥有"中国工艺美术大师"称号的人，他不但在紫砂雕塑上取得的成就前无古人，很大程度地拓展了紫砂艺术的创作领域，而且在壶艺、陶刻、书画以及紫砂史的研究方面均有成就。他的作品多次在国内外展出中获奖，并被美国大都会博物馆、英国维多利亚博物馆及大不列颠博物馆、比利时皇家博物馆及国内故宫博物院、上海博物馆等收藏。1993 年顾景舟为主编，徐秀棠、李昌鸿为副主编由中国香港三联书店出版《宜兴紫砂珍赏》；1999 年个人专著《中国紫砂》由上海古籍出版社出版；2000 年主编《宜兴紫砂文化丛书》并编著《宜兴紫砂珍品》，由浙江摄影出版社出版。

↘ 徐秀棠　自在观音

↘ **徐秀棠　蓬莱**
作者凭借娴熟的紫砂微雕功底和深厚的传统文化素
养精彩地诠释了一个既传统又现代、耐人寻味的艺术
形象。此作品珍藏于故宫博物院。

↘ **徐秀棠　天灵壶**
壶高 13 厘米，2010 年 8 月 2 日由北京保
利拍出，成交价 61,600 元人民币。

↘ **徐秀棠　供春壶**
造型别致，小巧玲珑，文人气息浓厚，壶身遍布皲裂的瘿节，凹凸不平，展现出无以言说
的美，壶盖南瓜钮形状，颇有一番意韵。

李昌鸿　顾派李门掌门人

　　李昌鸿，生于1937年，中国工艺美术大师，中国陶瓷艺术大师。1955年10月考进宜兴紫砂工艺厂工艺班，与夫人沈遽华均为顾景舟在紫砂工艺厂的第一代入室弟子。1958年起任紫砂工艺厂技术辅导、车间主任、技术科长等职。1984年，由他设计、沈遽华制作的"九头竹简茶具"获德国莱比锡国际博览会金质奖，成为当代紫砂首次在国际上荣获大奖的第一人；1986年"丙寅大吉"组壶（合作）获全国陶艺评比一等奖；2001年创作的"青玉四方"茶具获中国工艺美术精品博览会金奖；2002年新作"母与子"方壶获首届中国工艺美术学会"华艺杯"银奖，同年"一衡茶具"（九件）获中国轻工联合会第四届中国工艺美术精品博览会金奖。

　　沈遽华，字巨华，江苏宜兴人，高级工艺美术师，曾师从顾景舟。她敢于大胆尝试运用胶泥、贴塑等新工艺于紫砂壶创作，使传统题材产生新的艺术效果。

↘**李昌鸿（设计）沈遽华（制）沈汉生（刻）　九头竹简茶具**

↘ **李昌鸿　四方绞泥壶**
　　壶长 13.5 厘米，2009 年 11 月 23 日由北京保利拍出，成交价 106,400 元人民币。

↘ **李昌鸿　青玉四方壶**
　　此壶借古代青铜钟鼎的造型为壶体。壶上部刻钟鼎篆文、甲骨体的联句，砂泥取底槽紫泥，经久使用，质似金石，敦厚周正，显汉唐古韵。此壶珍藏于故宫博物院。

谭泉海　风格独特的陶刻大师

谭泉海，1939 年生于江苏宜兴和桥镇，中国工艺美术大师、高级工艺美术师、曾任宜兴紫砂工艺厂副总工艺师；第七、八、九三届全国人大代表，曾任宜兴市人大副主任；中国工艺美术学会会员，无锡美术家协会会员、宜兴紫砂文化艺术研究专委会顾问。自 20 世纪 50 年代随着著名老艺人任淦庭学陶刻，在长期从事陶刻装饰工作中，悉心研究曼生刀法、板桥书风，形成自己的传统文化内涵丰富、金石味浓郁的个人风格。

1983 年《鼻烟瓶》获全国陶瓷设计评比一等奖，同年"艺术挂盘""十三件小壶"获全国陶瓷设计评比二等奖；1984 年与顾绍培合作的"紫砂百寿瓶"获德国莱比锡春季博览会金奖；1988 年"四体茶诗艺术盘"获江苏省陶瓷公司新产品评比一等奖；1992 年作品"百帝图鼻烟瓶"获全国陶艺评比一等奖、景德镇国际精品大奖赛一等奖；1994 年作品"历史文化条屏""四季挂盘"分获第五届全国陶艺评比一、二等奖；作品"古韵壶""花翎壶"被中国工艺美术馆珍宝馆收藏；特大紫砂芝麻泥"双耳扁瓶"(合作)被澳大利亚国家艺术馆收藏；特大挂盘"松鹰""群马"被故宫博物院收藏；雕刻装饰的"方钟壶""曼生提梁壶"被中南海紫光阁收藏。

↘**谭泉海　江南春壶**

此壶以江南山水为主题，造型凸显江南特有的人文景观——小桥、流水、人家，壶身一面刻白居易的《忆江南》，另一面精刻江南山水画面。此壶珍藏于故宫博物院。

吕尧臣　独创"吕氏绞泥"的壶艺魔术师

　　吕尧臣，1941年生于江苏宜兴，中国工艺美术大师。跟随紫砂名家吴云根学艺。在半个多世纪的陶艺创作生涯中，其创作新品层出，造型新颖别致，风格韵秀古朴，尤其是独创的"吕氏绞泥"出神入化，堪称一绝，有"壶艺魔术师"之称。多件代表作品被故宫博物院、国务院、中南海紫光阁等单位收藏。因其对中国陶艺的创造性贡献，1992年被载入英国剑桥"世界名人录"，并成为"世界名人协会"终身会员。1993年荣获"中国工艺美术大师"称号。著名美术评论家陈传席评价其艺术"包前孕后，开百年新风"。南京师范大学王星琦教授誉之为"壶艺毕加索"。

　　可以说吕尧臣大师在当代紫砂艺术界是最有突出艺术成就的一位大师，其作品既显示出精湛的技艺，又具有丰富的文化内涵和个性鲜明的艺术思想，尤其是在绞泥工艺上取得的成就极大地丰富了紫砂的表现语言和表达能力，大师在数十年的艺术生涯中创作出多件堪称经典、乃可传世的佳品，就此而言，当代能与之相提并论的大师也是为数不多的。

↘ **吕尧臣　包袱壶**
　　又有"回娘家壶"之称，在2010年嘉德秋拍中，此壶以280,000元成交。

↘ 吕尧臣　玉屏移山壶

↘ 吕尧臣　冰提壶

　　造型如一块璞玉，浑然一体。一柄提梁似有千钧之力，又举重若轻。壶身，不规则的线条似有若无，然而又棱角分明，极具前卫之现代美感。

↘ 吕尧臣　伏羲壶

　　此壶泥色均匀，色泽协调，技巧娴熟，直指人类繁衍生息的主题，如清莲之纯洁，超凡脱俗。此壶珍藏于故宫博物院。

↘ 吕尧臣　华径壶

汪寅仙　德艺双馨，艺术大家

汪寅仙，1943 年生于江苏宜兴丁山丁南村，中国工艺美术大师，中国工艺美术学会会员，宜兴紫砂文化艺术研究专委会顾问。曾任宜兴紫砂工艺厂副总工艺师、宜兴紫砂研究所副所长等职。曾获"全国劳动模范""全国三八红旗手"等荣誉称号，是我国第一批国家非物质文化遗产名录项目之一紫砂制作技艺传承代表人。

汪寅仙是当今乃至紫砂历史上能在光货类和花货类紫砂艺术上同时取得精深造诣的为数不多的艺术大师之一。她从艺数十年，先后师从吴云根、朱可心、裴石民及蒋蓉等诸位大师，技艺精湛，创作题材广泛，其花货类作品既显示出女性特有的细腻、精巧、富有灵性，同时又能感受到男性都难以达到的宽博、挺拔、苍劲的气度。

汪寅仙 14 岁就开始学习紫砂陶艺，一直从事紫砂陶创作设计制作工作，擅长花货制作，具有很高的艺术造诣和娴熟的制作技艺，为紫砂传统工艺的发展，做出了很大的贡献。其作品气韵生动、整体协调，并酷似自然生态，惟妙惟肖，具有浓厚的东方艺术文化特色和高雅的艺术欣赏价值。作品在故宫博物院、上海博物馆、南京博物院、中国香港宋县文物馆、中国台湾历史博物馆均有收藏。作品曾在日本、美国等二十多个国家地区展出，成为壶艺爱好者的竞购收藏作品。多年的创作生涯中先后曾多次获国家级大奖，并发表多篇论文，其中有《紫砂塑器——花货》《花货的造型艺术工艺技法》等。1993 年被国家授予"中国工艺美术大师"称号。

↘汪寅仙　神鸟出林壶

↘ **汪寅仙　水利壶**

↘ **汪寅仙　圣桃壶**

　　壶体即寿桃，以小桃为盖钮，以一截挺拔苍劲的枝杆为壶把，枝叶花果生机盎然，壶流短小俏丽，出水孔成小桃形状，美感十足，整体构思精巧，形象完美，妙趣天成。

⟍汪寅仙 龙柏壶

　　仿生九龙柏树主干为形，高超的手法把九龙柏的古朴苍润，沟壑密布的树干表现得理趣合度，令人拍案叫绝。观整壶，其造型精当，以泥土幻化出五百多年的古柏神韵，把中华龙之神韵亦是刻画得入木三分。

高海庚　紫砂功勋

　　高海庚（1939 — 1985 年），生于宜兴丁山小桥南制陶世家。1955 年跟随顾景舟学艺，初露才华，深得其师器重，是顾老的得意门生。1960 年到中央工艺美术学院专修造型设计。存世有"集玉壶""扁竹提梁壶""双龙提梁壶""水浪壶"等经典之作。他还成功地试制出紫砂注浆泥工艺方法，开拓振兴紫砂多用途的新门类。1981 年任宜兴紫砂工艺厂厂长。曾发表《壶艺继承与创新》论文，组织策划在北京故宫举办"宜兴紫砂陶汇报展"。

　　可惜高海庚大师英年早逝，但其有限的生命对紫砂行业以及紫砂文化的发展做出了很大的贡献。

↘ **高海庚　环龙三足壶**

↘ **高海庚　集玉壶**

　　器型饱满，轮廓清晰、线条挺拔，壶身骨秀神清，壶体刚健婀娜，整体装饰和谐协调，韵味隽永，格调高雅。高海庚先生创作的代表作之一，被选作国家领导人出访外国的礼品，也入选故宫博物院"紫泥清韵紫砂展"，并被收藏。

周桂珍　得泰斗真传

　　周桂珍，1943 年生于江苏宜兴丁蜀镇，中国工艺美术大师，中国陶瓷艺术大师，中国工艺美术学会会员。1958 年进入紫砂工艺厂。早期拜师王寅春和顾景舟先生。她在四十余年的紫砂艺术创造生涯中取得了显著的成绩。

　　1978 年由高海庚设计、周桂珍制作的"集玉壶"被选作国家领导人出访外国的礼品。1989 年作品"环龙三足壶""之泉茶具"分别获轻工部中国工艺美术协会颁发的"陶瓷美术设计"奖；同年作品"大曼生提梁壶"被南京博物院收藏。2005 作品"井栏壶""沁泉壶"被中国国家美术馆收藏。2006 年"韵竹提梁壶"被中国国家博物馆收藏。2007 年作品"集玉壶"入选故宫博物院"紫泥清韵紫砂展"，并被收藏。先后获得高级工艺美术师、江苏省工艺美术大师、中国陶瓷艺术大师、中国工艺美术大师等称号。

　↘ **周桂珍　集玉壶**

　　此壶壶身由圆形、半圆形、凹凸线与直线结合，自下而上反复出现，形成连贯动感的节奏。壶体结构复杂，紧凑严密，和谐统一，加之做工精细，很好的凸显了紫砂温润似玉的特点。此壶珍藏于故宫博物院。

↘ **周桂珍 成音大彬壶**

壶长 23 厘米，2010 年 12 月 5 日由北京匡时拍出，成交价 862,400 元人民币。

↘ **周桂珍 大曼生提梁壶**

↘ **周桂珍 冯其庸 徐秀堂 回纹双圈壶**

此壶呈腰鼓状，环形把长而垂，口盖紧密严整，壶嘴直挺圆润，线条利落，气势挺拔，力度透彻。壶体铭文由冯其庸书，徐秀堂刻。壶长 17 厘米，2011 年 6 月 7 日由北京匡时拍出，成交价 552,000 元人民币。

何道洪　无冕大师

　　何道洪，1943 年生于江苏宜兴蜀山，中国陶瓷艺术大师。1958 年进入紫砂工艺厂，先拜师于王寅春门下，深得名师真传，练就制作方器、圆器与筋纹器等器形的扎实功底。而后并获素有"陈鸣远第二"之称的裴石民先生指导，琢磨花货及仿生蔬果的制作技艺。1976 年曾赴中央工艺美术学院修习陶瓷相关课程，深研造型、装饰设计，涵养创作美学。20 世纪 80 年代以来，多件作品被故宫博物院、中南海紫光阁、中国香港茶具文物馆、中央工艺美院收藏或选作国礼。何道洪是一位制作技术全面的紫砂陶艺家，熟悉掌握各种砂壶制作技法，深知泥料特性及配色的学问，兼具丰富的制壶实务经验与美学理论基础，其作品有着独特的个人风格。所设计的紫砂壶稳重大方、精工细致，器型力度、动感十足，韵味深厚，光素器圆润敦厚、气魄深蕴，筋纹器工精艺谨，花货则细腻雅致。何道洪大师艺品高洁，为人率直平和，得到社会和市场的广泛认可。

　↘ **何道洪　合桃壶**
　　壶长 20 厘米，2011 年 6 月 21 日由长风拍卖拍出，成交价 2,530,000 元人民币。

↘ 何道洪 刘一闻　集思壶

　　此壶泥料采用黄龙山原矿老泥，色泽淳厚。壮实圆挺的身筒，大方敦厚的壶盖上顶一颗壶的，软耳式把手，呈现出壶的庄重、成熟。壶长 26 厘米，2011 年 6 月 21 日由长风拍卖拍出，成交价 7,475,000 元人民币。

↘ 何道洪　小松壶

顾绍培　集各派精华，成就大师风范

顾绍培，1945 年生于江苏宜兴，中国工艺美术大师，高级工艺美术师，中国工艺美术学会会员，宜兴紫砂文化艺术研究专委会常务委员，曾任宜兴紫砂工艺厂副总工艺师、紫砂研究所副所长等职。

1958 年进入宜兴陶瓷中学学习，首先师承陈福渊老艺人，后又得顾景舟大师悉心提携，长期授教，在数十年的紫砂艺术创作实践中，深研诸名师技法，集各派之精华，融艺术个性于一体。先后创制的各类紫砂艺术品，屡次荣获省、国家展评奖。1984 年，其制作的"紫砂百寿瓶"荣获莱比锡国际博览会金奖，1985 年被全国总工会授予"全国优秀科技工作者"称号和"五一劳动奖章"。

↘顾绍培　松云壶

↘顾绍培　高风亮节壶

是顾绍培大师最出色的代表作，创作立意高、制作工艺精，堪称传世经典佳作，是大师艺术造诣的综合体现。

↘ 顾绍培　对弈提梁壶

壶长 19 厘米，2010 年 6 月 4 日由北京
保利拍出，成交价 336,000 元人民币。

**↘ 张守智（设计）顾绍培（制）
毛国强（刻）　十六竹大签筒**

↘ 顾绍培　六方雪华壶

壶长 18 厘米，2011 年 6 月 21 日由长
风拍卖拍出，成交价 448,500 元人民币。

鲍志强　集造型设计、陶刻装饰、诗书画于一身

　　鲍志强，字乐人，室号醉陶斋，1946 年生于江苏宜兴蜀山。中国工艺美术大师、中国陶瓷艺术大师、研究员级高级工艺美术师，中国紫砂博物馆总工艺师、江苏省宜兴紫砂工艺厂总工艺师，中国宜兴紫砂文化艺术研究会副会长，中国陶瓷艺术评审第五届、第六届评委，中国工艺美术（国际级）大师作品展评评审委员。

　　1959 年进入宜兴紫砂厂师从谈尧坤、范泽林学习陶刻，1962 年又转师老艺人吴云根门下学习制壶技艺。1965 年得著名陶刻家任淦庭先生教诲，从事陶刻创作，1975 年进修于中央工艺美术学院陶瓷艺术系，后致力于紫砂艺术的创作研究。擅长设计制陶，尤擅陶刻装饰，对书法、绘画、篆刻、紫砂史等方面均有研究，作品集紫砂陶造型设计和制作，陶刻装饰诗、书、画于一体的表现形式，注重以文化主宰紫砂艺术的设计思路，形成了鲜明的个人艺术风格，在紫砂艺林中独树一帜。作品曾数十次获国内、国际金奖，作品被收藏于中南海紫光阁、故宫博物院、南京博物院等，并多次出版专著和举办个人展览。

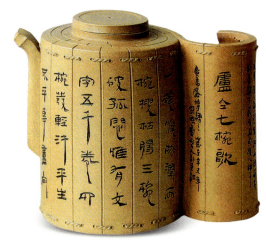

↘ **鲍志强　刘建平　源泉茶具**

↘ 鲍志强 福寿对壶（一对）

这对福寿壶，取自传统凤凰的造型。一高一矮，一胖一瘦，相生相对，相得益彰。此壶 2009 年 11 月 23 日由北京保利拍出，成交价 145,600 元人民币。

↘ 鲍志强 玉带呈祥壶

此壶设计借鉴玉文化的精髓，把陶文化、茶文化、玉文化完美的统一起来。壶钮为玉雕小象，壶盖为玉璧，器身玉带束腰，精美典雅，寓意吉祥。现珍藏于故宫博物院。

↘ 鲍志强 球韵壶

此壶玲珑精致，工艺细腻，壶身陶刻字迹流畅劲道，整器观之有端庄古朴之意境。

曹亚麟　理念独特的国大师

　　曹亚麟，1955 年出生于江苏宜兴，字希之，中国工艺美术大师、高级工艺美术师、中国工艺美术学会会员、江苏工艺美术学会理事、陶艺专业学会委员、中国紫砂艺术研究会委员。现在中国紫砂博物馆专业从事紫砂陶艺术的创作和研究。

　　1980 年毕业于景德镇陶瓷学院美术系设计专业，1981 年到宜兴紫砂工艺厂工作，专业从事紫砂陶艺术创作工作。他多年来创作了许多紫砂陶艺作品，多件作品被海内外文化机构及博物馆收藏。作品两次入选日本美浓国际陶艺展，获得国际陶艺展一等奖，多次在中国最权威的展评会全国陶瓷艺术创新评比中获奖，多次在重要国家级艺术作品展中获得金、银奖。其中，1994 年作品"君风壶"获全国第五届陶瓷美术设计评比二等奖，作品"明"五件茶具获第六届全国陶瓷美术设计评比二等奖又获 2001 年宜兴国际陶艺展评一等奖。

　　他凭借着扎实的专业知识基础，在广泛探究古今中外各种艺术的同时，深入研究紫砂陶艺术并不断探索实践，形成了独特的艺术理念：把握传统、开创现代、融铸文化、追求独创。其作品艺术语言丰富，艺术创意新颖，艺术形式优美，文化内涵深厚，艺术格调高雅，在紫砂陶艺坛独树一帜，对当代紫砂陶艺术创作产生着重要的影响。

↘ **曹亚麟　溪趣套壶**
2013 年 6 月 4 日由北京保利拍出，成交价 1,955,000 元人民币。

4

90年代初即驰名
海峡两岸的公认壶界精英

潘持平　性情直心正，方壶天地

吴群祥　深得顾景舟大师真传的入室弟子

施小马　作品线面挺括，个性鲜明

陈国良　作品以难、奇、新、巧而闻名

吴培林　勤思笃学，追求天人合一

吴　鸣　开创紫砂现代陶艺先河

……

潘持平　性直心正，方壶天地

　　潘持平，1945 年生于江苏宜兴，江苏省工艺美术名人，高级工艺美术师。
1958 年进入宜兴紫砂工艺厂，师从名艺人徐盘大、陈福渊学艺，后得顾景舟大
师教泽指导，先事盆艺，后专事壶艺，尤擅长紫砂壶方器造型，代表作品有"四
方段玉壶""方舟壶""方钟壶"等，作品"升方壶"被中国香港茶具文物馆收
藏。其撰写的论文《传统陶艺与宜兴紫砂》及《浅谈方壶成型工艺》等在《中华
传统陶艺及现代陶艺论坛》《紫砂春华》等刊物上发表。

　　潘持平作品以方器著称，其所制方壶极为突出，仿制前人作品，融入自己的
思想，其造型简练大方，于平淡中含浓烈，平易中显新奇，一如人品质朴自然，
刚正不阿。"痴艺者，技必精"，潘持平制壶，善于思考，勤于笔记，悟其所得，
尤善方器，故有"方壶天地"的美誉。

↘ 潘持平　平弯圣对壶（一对）

　　壶长 16 厘米，2011 年 6 月 7 日由北
京匡时拍出，成交价 253,000 元人民币。

↘ 潘持平（制）谭泉海（刻） 四方凸奎盆

↘ 潘持平 鲍志强 砖方壶

壶长 15 厘米，2011 年 6 月 21 日
由长风拍卖拍出，成交价 218,500
元人民币。

↘ 潘持平 黑虎壶

壶长 16.5 厘米，2011 年 6 月 21 日由长
风拍卖拍出，成交价 207,000 元人民币。

吴群祥　深得顾景舟大师真传的入室弟子

吴群祥，1954 年生于江苏宜兴蜀山，高级工艺美术师，中国工艺美术学会会员，宜兴紫砂文化艺术研究专委会委员。一代宗师壶艺泰斗顾景舟大师入室弟子，深得其真传。1972 年进入江苏宜兴紫砂工艺厂，启蒙老师为吕尧臣大师。1983 年参加中央工艺美术学院造型设计培训班深造，主修陶瓷造型设计，受益匪浅。而后数十年一丝不苟的悉心钻研，积累了丰厚的艺术成果，其作品深受陶瓷艺术界的认可和收藏界的推崇。

吴群祥大师在继承传统的同时，并不刻意模仿，而是深入研究其文化内涵，师古求新。多年的孜孜不倦使他的壶艺日臻成熟、渐入佳境，并形成鲜明的风格，创作中讲究线条流畅和谐、形体比例协调恰当，气势凝重而端庄、色泽深沉而朴茂、工艺精巧而大方，每有新品问世，多为藏家青睐珍藏。

1978 年作品"双龙戏珠提梁壶"被作为国礼赠送给日本首相田中角荣。1980 年作品"大小书扁壶"分别被英国维多利亚博物馆和中南海紫光阁收藏。2006 年作品"千禧龙凤壶"被中南海紫光阁收藏。2007 年作品"提壁壶"被中国国家美术馆收藏。

↘ **高海庚（设计）　吴群祥（制）　水浪壶**

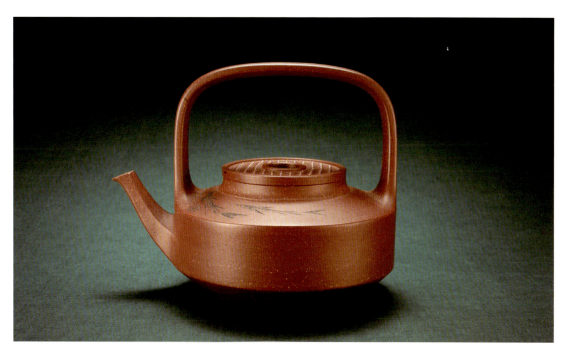

↘ **吴群祥　提壁壶**

　　此壶线形的整体造型使壶嘴、提梁浑然一体，精美雍容，壶嘴胥出自然，提梁蓄含暗劲，壶盖凹凸对比的设计更增强了壶的立体感，壶身高雅，块面清晰分明，整体观之大气磅礴。

↘ **吴群祥　紫气东来壶**

施小马　作品线面挺括，个性鲜明

　　施小马，1954 年生于江苏宜兴，高级工艺美术师。1972 年进入宜兴紫砂工艺厂，1994 年作品"红与黑壶"获第五届全国陶瓷艺术创作评比一等奖；1997 年作品"珏提壶"获江苏省陶瓷艺术创新展评一等奖；作品"扬帆壶"获全国陶瓷专业设计评比二等奖；1999 年"垒壶"获江苏省工艺美术陶瓷新品评比二等奖；2000 年作品"凌云壶"获首届杭州西博会银质奖，荣获"中国紫砂名人"称号。

　　施小马功力深厚、技艺全面，尤其擅长方器。壶如其人，作品线面挺括，个性鲜明，为同辈中最有成就的紫砂艺术名家之一。

↘施小马　菱花壶

↘施小马　徐维明　双竹提梁套壶

↘ 施小马　提梁壶

　　此器为作者最熟悉的"方货"，造型棱角分明、毫无拖泥带水之感。特别强调了方中寓圆，把提梁穿过壶面直插壶身，再利用暗处理过度手法，使提梁与壶身融为一体。

↘ 施小马　龙头一捆竹壶

　　壶长 20 厘米，2011 年 6 月 7 日由北京匡时拍出，成交价 483,000 元人民币。

陈国良　作品以难、奇、新、巧而闻名

陈国良，号鹤轩，1954 年生，研究员级高级工艺美术师，江苏省工艺美术大师，江苏省陶瓷艺术大师，江苏省陶艺专委会委员，中国工艺美术学会会员。

1972 年进入紫砂工艺厂，随中国陶瓷艺术大师何道洪学艺，之后从事花盆、花瓶的制作设计，1982 年开始制作茶壶。1985 年到江苏陶瓷公司职校学习。1986 年担任艺徒培训辅导和技术总监等职。1988 年在清华大学工艺美术学院培训陶瓷造型。1993 年进入紫砂工艺厂研究所任职至今。

陈国良对于紫砂艺术一贯坚持严谨的作风，其作品不论光货、花货，都以追求难、奇、新、巧而形成个人风格。题材富有诗意，造型优美，讲究实用和收藏兼顾。作品多次在国内外大展中获奖，在同辈紫砂人中是最有艺术创作实力和艺术成就的代表人物之一。

↘ **陈国良　虎虎生风壶**
此壶虎嘴捏壶嘴，虎纹嵌壶盖，虎尾成壶把，虎脚做壶腿，形象生动，妙趣横生。

↘ 陈国良　一帆风顺壶

↘ 陈国良　大竹节壶

壶长 30 厘米，2011 年 6 月 21 日由长风拍卖拍出，成交价 1,725,000 元人民币。

↘ 陈国良　梅椿壶

壶长 25 厘米，2011 年 6 月 21 日由长风拍卖拍出，成交价 1,725,000 元人民币。

荆溪十景系列壶以宜兴山水和人文景观为题材，创作历时六个寒暑，绞泥等多种手法，方成系列之十景。2014 年 6 月 4 日由北京匡时拍出，成交价 437,000 元人民币。

吴培林　勤思笃学，追求天人合一

吴培林，1954 年生于江苏宜兴，研究员级高级工艺美术师，江苏省工艺美术大师。1995 年联合国教科文组织授于其 "中国一级民间工艺美术家" 称号。现为中国民间文艺家协会会员，中国工艺美术学会会员，江苏省工艺美术学会陶艺专业委员会委员。1994 年在中国宜兴陶瓷博物馆设立 "吴培林陶艺工作室"。长期从事紫砂壶艺创作，作品追求艺术风格个性化，造型理念切壶切意，"绞镶泥" 技艺手法独特，师法自然，写意呈画，里外一致，或峰峦叠嶂，或行云流水，追求天人合一的艺术境界。作品多次获得国内外大奖，并有多篇论文发表于各类专业书刊。在长期的紫砂艺术生涯中，博采众长，潜心研究和探索，继承传统而不守旧，开拓创新而不造假，是当代少数有学养、有思想的优秀紫砂艺术家之一。

↘ 吴培林　银河壶

整款壶简约却不简单，做工精美，特色在于壶身上的绞泥装饰，线条的起伏和斑点的抛洒，带给人一种直观的美感。

吴鸣　开创紫砂现代陶艺先河

　　吴鸣，1957年出生，号怡陶，居怡陶园。现任中国宜兴紫砂博物馆设计中心主任。研究员级高级工艺美术师、中国陶瓷艺术大师、江苏省工艺美术大师、中国美术家协会会员、中国工艺美术学会会员、中国陶瓷协会会员、江苏省工艺美术名人、宜兴市政协常委、紫砂文化艺术研究会副秘书长。

　　发表作品百余件，二十多次获省、国家级专业奖，连续三次入选日本美浓国际陶艺展，并获评委特别奖。作品被多个文化机构及博物馆收藏。最早全方位进行现代紫砂创作研究。其创作融合传统、演绎现代、关注未来。作品内涵丰富、思想深刻，自成风格，对现代紫砂创作有积极影响，对紫砂艺术的未来发展方向也是极有益的探索，开创了紫砂现代陶艺的先河。

↘ 吴鸣　陶艺壶

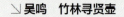

↘ 吴鸣　荷塘听雨壶

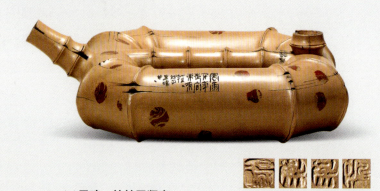

↘ 吴鸣　竹林寻贤壶

↘ 吴鸣　往事茶具（九件套）

江建翔　紫砂四小龙之首

　　江建翔，1957 年生于江苏宜兴，高级工艺美术师，中国工艺美术学会会员，宜兴紫砂文化艺术研究专委会委员。

　　1976 年进入紫砂工艺厂做学徒，授业老师为许承权。1978 年以优异的成绩，被指定拜工艺美术大师汪寅仙为师，接受全面正规系统的紫砂陶制作和创作设计训练。1982 年与工艺美术大师吕尧臣合作，培训紫砂新人，同年 9 月进入中央工艺美术学院进修陶瓷造型设计。1988 年又一次入中央工艺美术学院进修。

　　1989 年，江建翔被海内外紫砂爱好者誉为紫砂四小龙（对青年陶艺家的美称，分别为江建翔、施小马、刘建平、吴群祥）之首，凭着对紫砂极高的悟性和天赋以及自己突出的艺术成就，成为紫砂苑里耀眼的明星。他学习传统以至功力精深但又师古不泥，广采博取，且创作思路敏捷，作品风格俊秀细腻，灵韵独具，柔中蕴刚，美中藏劲，形神兼备，个性鲜明，凸显出一派浓郁的大家风范。

↘江建翔　古兽窥今套具

　　借鉴传统传炉壶形创作而成，作品同时展示了作者在光货、方货、塑器、铺砂装饰工艺等方面的精深技艺，是江建翔的代表作之一，也是当代紫砂名家最精彩的名作之一。

↘ **江建翔 高节壶（三件套）**

↘ **江建翔 凛媚壶**

壶长 14.5 厘米，2011 年 6 月 7 日由北京匡时拍出，成交价 402,500 元人民币。

江建翔 葡萄提梁壶

　　此壶新颖别致的造型，饱满若新鲜葡萄的壶身气韵丰盈，贴以葡萄藤蔓点缀装饰，生动非常，壶嘴和提梁以老藤形象制成，其上瘿节点点，意趣盎然。

葛陶中　艺风严谨、艺品高洁

葛陶中，1957 年出生于陶都江苏宜兴，高级工艺美术师。1976 年进入宜兴紫砂厂接受高级工艺师李碧芳老师启蒙，1978 年考入紫砂研究所师从高级工艺师沈遽华学艺，1980 年起接受中国工艺美术大师顾景舟贴身指点，从事紫砂创作。

其制陶技术全面、功力深厚、制作精良、独具个性，且为人务实率直、艺风严谨、艺品高洁，广受爱壶者推崇。作品多次获奖，并为中国文化部、中南海紫光阁、海内外各大博物馆、艺术馆、文物馆收藏。其中："四方回纹鼎"被评为1986 年江苏省轻工业新产品一等奖。"五头提壁茶具"获 1987 年全国旅游产品纪念一等奖。"五头夜知己茶具"（与李慧芳合作）获江苏省陶瓷设计奖产品三等奖。

"期待茶具"（与吴鸣合作设计，并制作）获第三届日本美浓国际陶艺展特别评委奖。

↘葛陶中　塔竹壶

壶长 15.5 厘米，2011 年 6 月 21 日由长风拍卖拍出，成交价 230,000 元人民币。

↘葛陶中　菊八瓣壶

此壶壶体为菱花式造型，做工工整，器身线条和谐挺括，壶钮别致小巧，壶嘴俊俏可爱。整体古朴风雅。

刘建平　作品屡获大奖

　　刘建平，1957年生于江苏宜兴，研究员级高级工艺美术师、江苏省工艺美术大师、江苏省陶瓷艺术大师，中国工艺美术学会会员、中国工艺设计协会会员、宜兴紫砂文化艺术研究专委会会员。

　　1976年进入宜兴紫砂工艺厂，师从吕尧臣大师学习紫砂技艺，曾先后在南京艺术学院和中央工艺美术学院深造。1986年创作的"富贵茶具"获第三届全国陶艺评比一等奖，1990年创作的"九头源泉茶具"获第四届全国陶艺评比一等奖，1994年创作的"十头晨曲茶具"获第五届全国陶艺评比二等奖。1988年起，其作品连续入选第二、第三、第四届日本"美浓国际陶艺展"并获奖；作品"富贵茶具"被国务院收藏在中南海紫光阁；"缘茶具"被文化部收藏；"春涌大地"被中国历史博物馆收藏。

　↘**刘建平　蕴育生机壶**
　　此壶形神俱备，壶身似圆球，壶体上的曲线变化，形似花蕾，娇艳欲滴。展现中国传统含蓄之美。

↘ **刘建平　劲节清风茶具**

↘ **刘建平　火牛图壶**

壶长 22 厘米，2011 年 6 月 21 日由长风拍卖拍出，成交价 80,500 元人民币。

季益顺　紫砂艺术承前启后的扛鼎式人物

季益顺，1960 年出生于江苏宜兴。研究员级高级工艺美术师，中国陶瓷艺术大师，江苏省工艺美术大师，中国工艺美术学会会员，宜兴紫砂行业协会壶艺专业委员主任。

1978 年进入宜兴紫砂工艺厂，跟随著名紫砂陶艺家、高级工艺师高丽君学艺。1983 年参加中央工艺美术学院的进修深造。多年的壶艺生涯中，他继承传统，但不墨守成规，勇于探索，更善于创新，在把握紫砂本质语言的同时，把绘画、浮雕、金银丝镶嵌用于壶体装饰，自然地形成"画在壶上，壶在画中"的立体效果，极大地丰富了紫砂壶艺的文化内涵，增强了艺术神韵和张力。他把紫砂艺术融于生活之中，把高雅的艺术有机地与日用相结合，让"壶"的品茶功能在艺术氛围中完美地发挥，创立了花素相融、赏用皆美、情趣灵动、风格独特的"季益顺壶艺流派"。

多年来，他的多件作品在国际、国内权威性艺术展评中多次获得金奖。其中，2006 年，他创作的"江南水乡一景"五件组壶获第八届全国陶瓷创新设计评比金奖，作品"紫气东来"被中南海紫光阁收藏。

季益顺大师于 20 世纪 90 年代就被海内外收藏家赞誉为"壶界四小龙"之一。由于不断的努力，如今他又成为紫砂艺术承前启后的扛鼎式人物。

↘ **季益顺　楚汉风韵壶**

↘ **季益顺 秋鼠图壶**

此壶采用"底槽青"泥制作，设计新颖，做工精湛，生动逼真，充分彰显了作者在花壶制作上的功力。

↘ **季益顺（制）蒋军（设计） 天宫团圆壶**

此壶造型奇特，壶嘴、壶身、壶把以简洁的线条连贯成一体，如弯弯的半月舒展飘逸。壶把与壶体自然相连，形如嫦娥微笑弯腰。壶长 19 厘米，2011 年 12 月 6 日由北京保利拍出，成交价 2,300,000 元人民币。

吕俊杰　紫砂俊杰

吕俊杰，1966 年出生，高级工艺美术师、江苏省工艺美术大师、中国工艺美术协会会员、中国工业设计协会会员、江苏省宜兴紫砂陶研究会理事。毕业于新加坡南洋艺术学院。师从其父吕尧臣大师。现为江苏省人文环境艺术研究院雕塑陶瓷研究所副所长、副研究员，中国工艺美术大师吕尧臣醉陶居工作室艺术总监。代表作有《海市蜃楼》套壶等。

吕俊杰 2003 年出任央视文化历史大剧《紫玉金砂》的壶艺顾问，并出演剧中重要角色。2010 年 3 月在北京中国美术馆举办个人紫砂艺术作品展；2010 年 5 月与知名国画家傅小石在台湾长流美术馆举办艺术作品联展。

↘**吕尧臣、吕俊杰合作　子非鱼茶具**
2011 年 12 月 20 日由长风拍卖拍出，成交价 3,220,000 元人民币。

↘**张庆臣　大力神壶**

此壶壶型端庄古朴，壶面以陶刻装饰有诗文，具有浓郁的书卷气，给人以美的享受。壶体中透出一种骨力，清奇脱俗。

张庆成　以光素器见长，创作“中国紫砂十八式”

张庆成，又名张庆臣，1959 年生于江苏宜兴，高级工艺美术师，省级工艺美术大师。中国工艺美术学会会员、宜兴紫砂文化艺术研究专委会常务委员。

1976 年进入宜兴紫砂工艺厂，师从何道洪大师，作品以光素器见长，曾三十多次荣获国家级大奖。2010 年首创“中国紫砂十八式”被中国国家博物馆永久收藏，其艺术成就多次被中央电视台和中国教育电视台专题报道，作品艺术达到了较高的艺术意境和收藏价值，形成了自己独特的艺术风格。

近年来其设计创作的“世纪大力神”“蓄势待发”“顶天立地”等作品分别获第二、三、四届中国工艺美术大师精品博览会金奖。

陈洪平　功底扎实，擅长各种器型

　　陈洪平，1959 年生于江苏宜兴潜洛村，研究员级高级工艺美术师，中国工艺美术学会会员。20 世纪 80 年代初从事紫砂行业。1993 年参加北京中央工艺美术学院陶瓷系进修，现在宜兴方圆紫砂工艺有限公司紫砂研究所从事紫砂陶艺专业创作，2000 年获中国工艺美术学会"中国紫砂中青年陶艺家"荣誉称号。

　　陈洪平紫砂技艺全面，功底扎实。光素方圆器、筋瓢器、花器俱佳，尤擅提炼传统，创作具有时代气息的新品。

↘ **陈洪平　笑樱茶具**

壶高 12.5 厘米，2011 年 11 月 24 日由长风拍卖拍出，成交价 69,000 元人民币。

5

成就卓著的
壶界资深名家、大师

顾道荣　尤以形象逼真的花货见长

曹婉芬　艺高资深，紫砂元老

沈汉生　紫砂陶刻四大家之一

毛国强　紫砂陶刻四大家之一

范洪泉　「可心花货」的嫡传弟子

何廷初　同辈中第一位走出国门的紫砂艺人

……

顾道荣　尤以形象逼真的花货见长

顾道荣，生于1937年9月，江苏省陶瓷艺术大师、研究员级高级工艺美术师。1955年进入宜兴紫砂陶业生产合作社（紫砂工艺厂前身），得到朱可心、顾景舟、蒋蓉等大师的精心教授。1987年进入宜兴紫砂三厂授艺带徒。多年来吸取前辈艺人之艺术精华，开创自己的独特艺术道路，佳作层出不穷，尤以花货见长，形象逼真、寓意深刻，技艺精湛，栩栩如生，令人爱不释手，作品"松龄鹤寿"于1988年评为无锡市优秀新品奖，"鱼罩壶"于1989年被江苏省轻工厅评为新产品开发奖，"鼓复""东坡提梁""莲心如意"三件作品参加朱屺瞻百岁画百壶展。"红梅绿竹""鱼罩"于1991年获轻工部优秀产品奖。"特大岁寒三友壶"于1993年在中国台湾第一届名壶博览会上被排列为"历代第六名壶"、"当代第三名壶"，许多作品广为收藏家喜爱和收藏。

↘顾道荣　松龄鹤寿

↘ **顾道荣　岁寒三友壶**

　　此壶壶身呈筒状，嵌入式壶盖微鼓，肩部灯草线与圈足上下呼应。以竹节为流，梅干为柄，松枝为钮，此为岁寒三友。壶高 11.5 厘米，2014 年 5 月 9 日于北京翰海拍出，成交价 184，000 元人民币。

↘ **顾道荣　秋趣丰收壶**

↘ **顾道荣　特大松鼠葡萄桩**

曹婉芬　艺高资深，紫砂元老

曹婉芬，1940 年生于江苏宜兴，中国陶瓷艺术大师、研究员级高级工艺美术师、江苏省工艺美术大师，中国工艺美术学会会员，宜兴紫砂文化艺术研究专委会会员。

1955 年进入宜兴紫砂工艺厂，先师承先辈朱可心，后又随裴石民学艺，后又得到著名艺人王寅春及顾景舟教泽，技艺功底全面扎实。1958 年任紫砂工艺班"小辅导老师"，培训青年艺徒。20 世纪 70 年代初，受上级委派，到农村培养了一大批农民紫砂壶艺工作者，促进了紫砂壶艺的普及。1982 年创作的"玉婷壶"获亚太地区陶瓷评比一等奖；1983 年作品"宝方抽角壶"获全国陶艺评比二等奖；1990 年作品"壶艺掇英组壶"获全国陶艺评比二等奖和"景德镇杯"国际精品大赛二等奖；2002 年，以紫砂不同造型及工艺创作的"四季流芳壶"获第四届中国工艺美术精品博览会金奖；"大彬瓜棱壶"收藏于中南海紫光阁；"嵌银丝无瑕壶"收藏于中国工艺美术珍宝馆；"苑林提梁壶"收藏于南京博物院。

↘ **曹婉芬　大彬瓜棱壶**

壶身为南瓜造型，古朴大方，壶盖菊花形，瓜柄为壶嘴，显幽野之趣，筋纹勾勒壶身，韵律感十足。

↘ **曹婉芬　高八方茶具**

↘ 顾绍培、沈汉生　凤首博瓶

沈汉生　紫砂陶刻四大家之一

　　沈汉生，1946 年生于江苏宜兴，别号石羽，陶羽轩主人，研究员级高级工艺美术师、江苏省工艺美术大师、江苏省陶瓷艺术大师。1959年进入宜兴紫砂工艺厂随范泽林、任淦庭老艺人学艺，专功金石陶刻。1965 年从事专业创作设计。1982 年获中国轻工业部全国评比一个一等奖、两个二等奖。1984 年"百寿瓶""竹简茶具"获莱比锡国际金奖。1986 年作品被中国香港茶具文物馆、故宫博物院和中南海紫光阁收藏。1988 年其创作的"曼生十八式瓶"获景德镇国际博览会三等奖。几十年来创新作品达三十多件。现为中国工艺美术协会会员、中国工业设计协会会员、中国艺术研究院研究中心创作委员、江苏工艺美术专委会会员、中国紫砂博物馆新品评审委员。

↘ 顾绍培（制）沈汉生（刻）　虎瓶

↘ 顾绍培、沈汉生　百寿图壶

毛国强　紫砂陶刻四大家之一

　　毛国强，艺名一粟，1945 年生于江苏宜兴，研究员级高级工艺美术师，中国陶瓷艺术大师，江苏省工艺美术大师，中国工艺美术学会会员，宜兴紫砂文化艺术研究专委会会员。

　　1958 年进入宜兴紫砂工艺厂，师从著名老艺人任淦庭学习陶刻艺术。1982年作品"十二件鼻烟瓶"获轻工部中国工艺美术展评一等奖；"五件紫砂挂盘"获二等奖；1994 年作品"心经六条屏"获第五届陶瓷艺术设计创作评比二等奖；作品"狮象玉鼎""特大百寿瓶"陈设在中南海紫光阁。

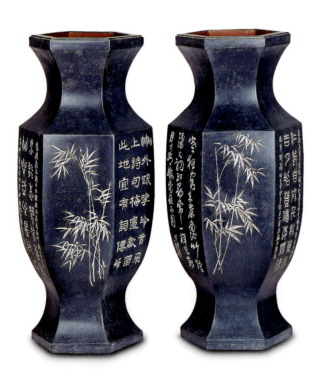

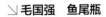

↘ 毛国强　鱼尾瓶 ↘ 毛国强（刻）墨绿六方瓶

范洪泉　"可心花货"的嫡传弟子

范洪泉，1941年生于江苏宜兴蜀山，研究员级高级工艺美术师、江苏省工艺美术大师、江苏省陶瓷艺术大师。1956年进入宜兴紫砂工艺厂，先后师从吴云根、朱可心老艺人，为"可心花货"嫡传弟子。数十年来潜心紫砂艺术，心无旁骛，默默耕耘，长于创新，成绩斐然。1973年首创"大型东坡提梁壶"，攻克紫砂泥料、成型、烧成三大难关，开创巨壶制作之先河。之后，陆续创作了"大型报春壶""大型劲松壶""特大梅桩壶""特大葡萄盈筐提梁壶""特大三足结义壶"等，因敬佩其艺高胆大，人送外号"范大胆"。其紫砂艺术风格豪放，大气磅礴，个性鲜明，技艺精湛，曾获江苏省轻工厅嘉奖。

1976年其创作的"中型报春壶"被选为邓小平访日国礼；1987年、2005年"报春壶""春色壶"先后两次被国务院办公厅选为中南海紫光阁收藏陈设；1988年"特大仙瓢提梁壶"被中国香港茶文化博物馆收藏；1995年"瑰宝大提梁"被中国台湾历史博物馆收藏；2007年"束柴三友壶"被北京故宫博物院陈设；2008年"钟梅壶"被上海工艺美术博物馆收藏。

↘ 范洪泉　大报春壶

↘范洪泉、谭泉海　大瑰宝提梁壶

何廷初　同辈中第一位走出国门的紫砂艺人

何廷初，1940 年生于陶都江苏宜兴，研究员级高级工艺美术师、江苏省工艺美术大师、江苏省陶瓷艺术大师。1956 年进入宜兴紫砂工艺厂，师从制壶名家吴云根先生。1958 年又随名师裴石民先生学艺，从事紫砂工艺制作和创作，其间又得到顾景舟大师的指点。1978 年赴澳大利亚进行陶艺交流，成为同辈人中第一位踏上异国弘扬紫砂文化的艺人。1983 年进入中央工艺美术学院陶瓷造型设计专业接受培训。1991 年赴新加坡参加中国宜兴紫砂陶艺家作品展。

在从事紫砂陶艺创作的四十多年中，所创作的作品在专业评比中多次获奖，并被多家博物馆收藏。其中，"五头蟹篓茶具""浪花提梁壶"被中国香港茶具文物馆收藏，"觚菱壶"被美国三藩市亚州博物馆收藏，"圈盖三足壶"1987 年被中南海紫光阁选定陈设。1982 年"挺竹壶"在全国陶瓷评比中获二等奖，1989 年"五头蟹篓茶具"获江苏省第二届轻工美术设计二等奖，"五头渔家乐茶具"在 1990 年首届景德镇国际陶瓷精品大奖赛评比中获三等奖。

↘ **何廷初　鱼壶**

壶盖饰以水浪，翻卷起奋力跃龙门的鱼儿为钮，形象逼真，壶身塑以飘逸的水波纹，充满生活情趣。

谢曼伦 朱可心大师的得意高徒

　　谢曼伦，1942 年生于安徽芜湖，研究员级高级工艺美术师、江苏省工艺美术大师，中国工艺美术学会会员，宜兴紫砂文化艺术研究专委会会员。

　　1958 年进入宜兴紫砂工艺厂，师从著名老艺人朱可心学艺。1989 年作品"大桑宝壶"获江苏省轻工厅新品展评金牛奖；1990 年作品"碧玉如意壶"获江苏省陶瓷艺术展评一等奖。代表作品有："竹福茶具"、"双竹提梁壶"（与张守智合作）等。

↘ 谢曼伦　桑宝壶（二件）

↘ 谢曼伦　寒梅壶

↘ **谢曼伦　竹段提梁壶**

　　此壶造型以竹子为题材，立体感十足；壶钮竹节圆扣环绕，小巧雅致；壶嘴挺直大气，竹节提梁节节向高，寓意清廉有味，连接壶身缓缓续出嫩芽竹叶，逸趣横生。

↘ **谢曼伦　大艳竹壶**

王小龙　出身紫砂世家，作品屡获大奖

　　王小龙，1940年生，又名王平。国家级高级工艺美术师，为紫砂泰斗王寅春之子。自幼随父王寅春学艺，1954年随父进入紫砂工艺厂，1955年起师从名家朱可心学艺，期间创作了"三节竹段壶""绞泥盘"等一批新品。1960年至1961年，同高海庚、许成权三人合作创作了紫砂龙舟。1983年进入中央工艺美院陶瓷造型进修班学习，1984年在紫砂工艺厂研究所从事创新设计，设计新品"长城壶""海晨壶"等，1991年被中国茶叶博物馆聘为紫砂工艺技术顾问。1996年，在紫砂厂设立"道艺轩"工作室，从事创新设计和技术指导工作。2000年作品"龙头一捆竹"入选中国工艺美术大师精品博览会金奖，并在江苏省同行业陶艺评比中获得一等奖。2001年，作品"孕"获中国工艺美术大师作品暨工艺美术精品博览会银奖，2003年，作品"蜂缘壶"获第三十七届全国旅游品和工艺品交易会暨国际礼品博览会二等奖。

↘ 王小龙　三色玉石壶

↘ **王小龙 八卦一捆竹壶，**

壶高 9.2 厘米，2012 年 10 月 30 日于中国嘉德拍出，成交价 230，000 元人民币。

↘ **王小龙 八面春香壶**

储立之 作品形式多样，各具特色

储立之，1942 年生，研究员级高级工艺美术师、江苏省工艺美术大师。1958 年进入紫砂工艺厂，同年 9 月进入南京艺术学院深造，1961 年毕业。后跟随紫砂老艺人吴云根学习制壶技艺，经过几十年的积累，具备了一定的紫砂艺术造诣，并形成了个人的艺术风格。业内人士评价其作品形式多样，涉及面广，无论壶艺造型及陶塑都十分注重题材的表达内涵，意境丰富、细腻入微、以势夺人。其壶艺作品古朴典雅、浑然一体、落落大方，造型线条简练、蕴有韵味；陶塑作品人体结构严谨，衣纹流畅飘逸，人物个性突出，力度超俗，且能运用多种技法语言，使砂艺作品显得端庄稳重，各具特色。

作品常入选国内外展览，均获同行好评，并分别在全国、省、市评比中获奖。曾赴中国香港、中国台湾地区和马来西亚参加紫砂学术研讨和展览，在东南亚地区颇有知名度。作品被博物馆和收藏家珍藏。

现于江苏宜兴紫砂工艺厂设储立之工作室。为中国工艺美术学会高级会员、江苏省陶瓷艺术学会理事，江苏省工艺美术高级职称评委，并担任过全国陶瓷专家评委。

↘储立之 提梁壶

↘储立之 立狮壶

周尊严　作品多次斩获国内外大奖

　　周尊严，1945 年生于江苏宜兴，江苏省工艺美术大师、江苏省陶瓷艺术大师、研究员级高级工艺美术师，中国工艺美术学会会员、江苏省陶瓷艺术学会会员、江苏省工艺美术陶瓷专业委员会会员。

　　1958 年进入紫砂陶瓷中学，1959 年进入宜兴紫砂工艺厂实习，先后随裴石民、陈福渊学艺，1965 年进入紫砂研究室受顾景舟大师的专业指导。1972 年在顾大师的直接指导下开始从事紫砂盆和瓶的造型设计与制作，后从事紫砂壶的创作设计与制作。1983 年参加中央工艺美院举办的造型制图班培训结业，1995 年参加江苏省人事厅、省工艺美术行业协会联合举办的江苏工艺美术业高级研修班研修结业。

　　在四十余年的技艺生涯中，经刻苦磨炼与创作实践，所创花盆造型简练，线条挺括；所创花瓶稳重大方，比例恰当、美观庄重；所创紫砂壶构思巧妙、造型优美、做工精细、新颖大方，风格别致。作品多次参加国内外等地区的展览，并多次在参展中获奖。

　↘ **周尊严　黑叠线壶**

　↘ **周尊严（制）毛国强（刻）红砂船方壶**
　　别具一格的造型，既劲挺又圆转，方中寓圆，器轮廓分明，平稳厚实，壶身绘刻的文字古韵十足，整体观之古朴古雅。

夏俊伟　内敛谦和，创研并重

　　夏俊伟，1946年生于江苏宜兴蜀山，江苏省工艺美术名人、江苏省陶瓷艺术名人，研究员级高级工艺美术师。

　　1964年在宜兴紫砂工艺厂随陶刻艺人任淦庭学习陶刻装饰。1965年进入南京艺术学院美术系，受教于著名教授孙文林、张道一。20世纪70年代在宜兴陶校任装饰专业教师，80年代在紫砂厂任教育科、技术科负责人。参与《江苏省陶瓷工业志·紫砂章》撰写工作，经省志办专家评定获一等奖。参与大型紫砂陶专集《壶锦》《宜兴紫砂当代名人作品集锦》《紫壶黛墨》《唐人工艺紫砂陶艺》等编写工作。多次担任宜兴紫砂陶行业职称考评评委，担任《当代紫砂群英》《中国紫砂茗壶珍赏》的主编，被相关行业聘为艺术顾问，在国内外传播紫砂文化。

↘李园林、夏俊伟　迎宾壶

↘夏俊伟　莲子壶

　　在紫砂园艺中耕耘四十余载，从艺、教学、研究诸方面融会贯通，当今的青年陶艺大师、名人，大多曾受其教益，桃李遍地。

　　性情喜寻根究底，常与老艺人结友善交、切磋技艺，探求紫砂特质语系，领略每一个工艺师的技巧擅长。经常参加国内外重大展览活动。所出新品，数量甚少，极少重复，为收藏家们所珍视。设计中另辟蹊径，取优雅浑朴的壶形，点线面交接得体，精工细作，风格各异，配以品茗画意的泥绘装饰，集制壶、绘景、雕刻于一身。作品精妙且具文气，其创作的"泥绘装饰壶"获 1993 年江苏省科技专利博览会金奖。

鲍仲梅　镶嵌装饰，独领风骚

　　鲍仲梅，1944 年生于江苏宜兴，高级工艺美术师，江苏省工艺美术大师，中国工艺美术学会会员，中国工业设计协会会员，宜兴紫砂文化艺术研究专委会会员，现在宜兴方圆紫砂工艺有限公司专业从事紫砂艺术创作。

↘**鲍仲梅　金蟾戏水器（两件套）**

　　直径 12.5 厘米，长 8.5 厘米，2011 年 6 月 21 日由长风拍卖拍出，成交价 109，250 元人民币。

凌锡苟　善于用多种手法表现作品

凌锡苟，1939 年生，又名一兵，艺名陶石，高级工艺美术师、江苏省工艺美术大师，江苏省陶瓷艺术学会理事、江苏省工艺美术协会会员。1958 年到宜兴陶瓷公司新产品设计室工作。1986 年任宜兴建筑陶瓷厂技术科长、设计室主任，设计楼台、亭、建筑装饰陶瓷件，成果丰硕，其设计的六角龙亭，获江苏省轻工新品评比一等奖。

1987 年调至宜兴紫砂工艺厂任开发办主任，从事紫砂新产品的创作设计。其作品表现手法多样、形式多变、造型生动准确。代表作"麻姑献寿"集陈设欣赏和实用为一体，富有情趣。1990 年创作"十二生肖壶"以中国记年的标识，用抽象变形手法，模拟处理成紫砂茗壶，为突显生肖动物的性格，采用五色紫砂泥制作，镌刻铭文，获得 1990 年全国陶瓷艺术展评会二等奖和首届国际陶瓷作品二等奖；1994 年创作的"六头蟠桃茶海"被评为全国第五届陶瓷艺术设计创作展评一等奖，并入编于《中国美术全集》；1996 年创作"日月同辉"获江苏省工艺美术协会陶艺新品一等奖；与名画家陆俨少合作的"方斗壶""砖屏壶"，与名画家程十发合作的"石瓢壶"赠于海外博物馆收藏；"新生茶具"1992 年参加日本美浓陶艺展，被日本大垣大学高等学校收藏；创作中国香港著名紫砂陶艺收藏家罗桂祥博士的半身塑像获艺术界好评。

↘ **2004 年 华拓（绘）凌锡苟（制）湖上清韵壶**

程辉　曾任紫砂研究所所长，得多位大师指点

　　程辉，字润年，1944 年生于江苏宜兴陶瓷世家，江苏省工艺美术大师、研究员级高级工艺美术师、中国工艺美术学会会员、中国宜兴紫砂行业协会副秘书长、江苏省宜兴紫砂收藏鉴赏专业委员会秘书长、紫砂非物质文化遗产代表性传承人。

　　自 1958 年进入宜兴紫砂工艺厂，师从一代宗师吴云根先生学习紫砂成型技术，练就扎实的制壶功底，年轻时在紫砂界就出类拔萃，成为紫砂厂的技术骨干，其间曾接受过顾景舟、蒋蓉等老艺人的技术指导。1983 年进入中央工艺美术学院进修培训。1984 年起担任紫砂厂总工办主任、厂研究所所长、技术中心主任等职。1991 年与 1993 年分别赴新加坡、中国台湾等地进行中国宜兴陶瓷文化艺术交流活动。曾与李铁映首长合作"老庄壶""虹途壶"，与张守智教授合作"智辉壶"，在顾景舟大师的精心指点下创作了"福得壶""菱波壶""文旦壶""和合壶"，同时创作了"和而同乐组壶""艨艟壶""天碗壶""国玺龙壶"等经典之作。

　　程辉所设计的作品，先后有"提梁八玲壶""东篱高士壶""虹途壶""五头之石茶具"等被评为省陶艺作品二、三等奖。"卧石壶"获 2003 年第三十七届全国旅游工艺品博览会二等奖，"生机勃勃壶"获 2004 年中国工艺美术大师作品暨工艺美术精品博览会铜奖。

＼ 程辉　虹途壶

张红华　融各派精华，作品被选入紫砂教材

张红华，1944年生于江苏宜兴陶业世家，研究员级高级工艺美术师，江苏省工艺美术大师，江苏省陶瓷艺术大师，中国工艺美术学会会员。

1958年进入紫砂工艺厂学艺，开始师承著名艺人王寅春，同时得到顾景舟大师长期悉心指导提携，深得前辈制陶技艺和创作理念的艺术薰陶，融各派精华，造形多变，自成一格。

2005年，宜兴方圆紫砂有限公司陶娃学紫砂陶瓷系列教材中其创作的"玉笠壶""双竹提梁壶""金铃壶"被选为课本教材。2006年5月23日，"提梁石瓢壶"被北京大学收藏，并由许智宏校长作为国礼，赠送来华访问的联合国秘书长安南先生。

其所创作的"华天壶"被美国凤凰城美术博物馆收藏，"青泉壶"被北京故宫博物院收藏，"古玉壶"被英国维多利亚博物馆收藏，"玉笠壶"被无锡市博物馆收藏，"上新桥"和"汉圆提梁"被中南海紫光阁收藏。

↘ 张红华（制）杨彦（刻）乳鼎壶

↘ 张红华（制）谢稚柳（书）菊顶提梁壶

高丽君　代表作品"南瓜壶"系列

　　高丽君，1940年生于江苏宜兴，研究员级高级工艺美术师、江苏省工艺美术大师、江苏省陶瓷艺术大师，中国工艺美术学会会员，宜兴紫砂文化艺术研究专委会会员。

　　1955年进入宜兴紫砂工艺厂，先后师从著名艺人朱可心、王寅春学艺，后从事艺徒培训工作多年，2000年作品"鸣蝉瓜壶"获江苏省陶艺评比一等奖和中国工艺美术精品博览会银奖，其代表作品有"南瓜壶"系列等十多个品种。

↘ 高丽君（制）朱屺瞻（书）　一栗铭明君壶

↘ 高丽君　南瓜壶

↘ 堵江华　石瓢壶

顾治培　紫砂微雕大师，曾创吉尼斯之最

　　顾治培，1949 年生于江苏宜兴，江苏省工艺美术大师、江苏省陶瓷艺术大师、研究员级高级工艺美术师，中国工艺美术学会雕塑专业委员会理事、中国宜兴陶瓷博物馆紫砂艺术研究所所长。1985 年起从事紫砂雕塑创作，尤以紫砂微雕作品见长，后从事壶艺创作，2000 年作品"蟠龙蟠壶"获陶艺新品二等奖；2001 年作品"蟋王三友壶"获中国宜兴国际陶艺展创新成果奖；2002 年 8 月审核通过其创作的"千禧万福壶"为吉尼斯之最。

↘ 顾治培　石瓢壶

　　壶身呈梯形，曲线柔和流畅，造型浑厚朴拙。足为钉足呈三角鼎立状支撑，给人以轻灵而稳重之感。壶身八字造型，造成一个主视角度内的呈型表面，亦曲亦直，皆显现简朴大方的气度。

邵顺生　宜兴紫砂方器高手

　　1955 年生于江苏省宜兴丁蜀镇紫砂村，是清代制壶名家邵大亨的第六代传人，研究员级高级工艺美术师，江苏省工艺美术名人，江苏省陶瓷艺术名人。师从顾绍培大师，被誉为宜兴紫砂方器高手，作品具有挺劲阳刚之气，含浑厚大度之势，承袭传统，勇于创新。曾评为中国紫砂年度十大名家之方壶代表人物。

　　1973 年高中毕业后从事木工艺术，1978 年至 1986 年，任宜兴川埠工业陶瓷厂技术科长、技术厂长，1986 年至 1990 年任宜兴市紫砂工艺三厂技术科长，

1992 年被评为紫砂助理工艺美术师，1995 年被评为紫砂工艺美术师，2000 年当选为中国工艺美术学会紫砂艺术委员会常务理事，2006 年任无锡市人事局专业技术资格职称评委，2007 年任中青年紫砂全手工技能大赛评委。

↘ 邵顺生　千禧龙方壶

↘ 邵顺生　墨菊壶

杨勤芳 作品被多家博物馆收藏

杨勤芳，1951年生于江苏宜兴，研究员级高级工艺美术师、江苏省工艺美术大师、江苏省陶瓷艺术大师，中国工艺美术学会会员、宜兴紫砂文化艺术研究专委会副会长，现任宜兴紫砂工艺二厂副总工艺师、紫砂艺术研究所副所长。

1979年进入宜兴紫砂工艺二厂，曾师从吕尧臣大师学艺。1991年作品"六方福寿提梁壶"获江苏省第三届轻工美术设计一等奖；1995年以江南民间竹编提篮为题材而设计创作的紫砂"谢意壶"被英国皇家大英博物馆收藏；1996年作品"腾达壶"被英国古董协会收藏，"舜禹双流壶"被该协会推荐给英国邮政获准发行明信片；1999年作品"神童壶"和"紫金叠式"获第一届中国工艺美术大师精品展银奖；2001年作品"镶金汉风壶"获第三届中国工艺美术大师精品博览会金奖。代表作品还有"度石衡象壶""六方将军壶"等。

↘杨勤芳 古钟壶

↘ 杨勤芳　泉流琴声壶

　　壶长 16 厘米，2010 年 6 月 6 日由江苏嘉恒国际拍卖有限公司拍出，成交价 67，200 元人民币。

↘ 杨勤芳　王生娣　舜卣提梁双流茶具

　　此套茶具造型稳重、端庄、对称、典雅。壶体装饰，以浮雕明线构成对称而又简练的图案花纹，整体结构严谨、大气，透出一股青铜器时代的庄重。

堵江华　德钟壶

徐达明　宜兴紫砂陶艺世家徐门第四代传人

　　徐达明，1952 年 12 月生于江苏宜兴丁蜀镇，宜兴紫砂陶艺世家徐门第四代传人，现工作于徐汉棠大师工作室。中国陶瓷艺术大师、江苏省工艺美术名人、研究员级高级工艺美术师、江苏省工艺美术学会理事、江苏省古陶瓷研究会理事。

◥徐达明　王秀芳　饮之长生茶具

◥徐达明　掇只壶

　　壶长 15 厘米，2012 年 5 月 13 日由长风拍卖拍出，成交价 460,000 元人民币。

陈建平　高学历的紫砂专家

　　陈建平，1954 年生于江苏宜兴，研究员级高级工艺美术师、江苏省陶瓷艺术大师、江苏美术研究会会员、江苏陶艺专委会副主任、宜兴紫砂文化艺术研究专委会副秘书长。1979 年毕业于南京师范大学美术系，后任教于宜兴轻工业学校，1992 年随徐秀棠大师学艺，现在在宜兴长乐弘有限公司进行专业陶艺创作。

　　1994 年作品"渔歌唱晚"获全国陶瓷艺术评比一等奖；2001 年"陕北民风"获宜兴国际陶艺展一等奖。其代表作品有"鱼塘清趣""麒麟"等。

↘ 陈建平　哥哥吹曲妹妹听

储集泉　得名师指点，以创作设计见长

储集泉，1954年出生于江苏宜兴，江苏省工艺美术大师、江苏省陶瓷艺术大师、研究员级高级工艺美术师、中国工艺美术学会会员。现于中国紫砂陶艺术博物馆储集泉工作室从事紫砂陶艺术品创作。

1971年进入宜兴紫砂工艺厂，师承高丽君、范洪泉两位花货名师，更得紫砂七老之一朱可心大师青睐指点。自习书画，在继承传统中得益于书画文字的修炼，以创作设计见长，作品以语言为主线，追求形式与内涵的完美结合，先后于1983年、1985年参加中央工艺美术学院"紫砂造型制图班"学习，又于1989年结业于中央工艺美院"陶瓷造型专业班"。其作品陆续被撷集于二十多部专业大型书籍和编集个人专辑，数次被邀在国内外弘扬紫砂文化，在海内外有较高的知名度。

其创作的"冷香绿云"获1999年中国民间艺术节金奖，"遥远的故事"获1998年中国国际民间艺术博览会金奖，"蟠桃"被中国南京博物馆收藏，"四君子"获中国传统工艺美术精品展优秀奖。

↘ **储集泉　月下潇湘壶**

丁洪顺　艺术功力深厚，作品朴实无华

丁洪顺，1955 年生于江苏宜兴，高级工艺美术师，江苏省工艺美术学会会员。1973 年进入宜兴紫砂工艺厂，从艺至今三十余载。师承高洪英、束凤英、许成权，后拜工艺美术大师汪寅仙为师，1985 年在南京艺术学院进修，1989 年结业于中央工艺美术学院。先后与南京艺术学院教授潘春芳、中央工艺美术学院教授张守智、美术大师韩美林合作，代表作"三羊同乐""五羊组壶"等曾被中央电视台、《新华日报》报道。作品多次获得国家、省级评比奖项。朴实无华的造型，深厚的艺术功力是其本人继承恩师风范的一贯追求，艺术创作源于生活而高于生活，千锤百炼，在潜心积累丰富艺术底蕴的过程中常有精道绝妙之作，得到国内外壶艺爱好者和专家的高度评价。

↘ **丁洪顺　竹壶**

　壶高 10.2 厘米，2014 年 5 月 25 日由福建东南拍出，成交价 34,500 元人民币。

↘ **丁洪顺　船形提梁壶**　　　　　↘ **丁洪顺　六方龙凤壶**

吴亚亦　得师真传，紫砂传人

　　吴亚亦，1954 年生于江苏宜兴，研究员级高级工艺美术师、江苏省工艺美术名人、江苏省陶瓷艺术名人，江苏省工艺美术学会会员、宜兴市非物质文化遗产项目代表性传承人。1971 年进入宜兴紫砂工艺厂，学习紫砂成型的基本技法。1984 年进入紫砂研究所，拜中国工艺美术大师汪寅仙为师。1989 年被选送至中央工艺美术学院陶瓷艺术系进修。

　　作品常以雕塑手法与传统工艺相结合，制作精细、纹饰优雅，独具韵味。代表作品"印包壶""牛盖提梁壶"入选中南海紫光阁典藏；"源源流长壶"入选南京博物院永久典藏；"文房四宝壶""神灵玉鼎壶""蝠在眼前熏香炉""五头居竹提梁壶""雅集壶""青凤印纹壶""六头安居茶具""开心果""藤提壶"等作品相继在国内外陶艺精品展览会上参展获奖。

🡦 **吴亚亦　白果壶**

　　此壶气韵充沛、端庄古雅，壶身塑以白果，生动自然，白果壶钮鲜嫩饱满，观之极富有神韵与情趣。

🡦 **吴亚亦　竹提盒具**

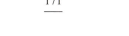
蒋小彦　作品深受海内外壶艺爱好者青睐

　　蒋小彦，又名蒋彦，1955 年生，江苏省工艺美术大师，研究员级高级工艺美术师。1972 年进入宜兴紫砂厂随著名艺人王寅春、中国工艺美术大师吕尧臣、高级工艺美术师李碧芳学艺。前后三次入进中央工艺美术学院陶瓷系学习造型设计。其作品先后荣获国家、省级评比奖项，作品深受海内外壶艺爱好者的青睐，并被众多博物馆收藏。

↘ **蒋小彦　汉君壶**

↘ **蒋小彦　云彦壶**

沈建强　尤擅筋纹器的造型设计

沈建强，1957 年生于江苏宜兴，研究员级高级工艺美术师、江苏省工艺美术名人、江苏省陶瓷艺术名人。1981 年学艺，后进入宜兴砂龙陶艺有限公司从事壶艺设计和制作。

其自幼受家庭熏陶，酷爱壶艺，经长期学习、探索，技艺日益精湛，擅长筋纹器的造型设计、制作，作品"合菊壶""三丁合菊壶""百合壶""菊惑"等壶寓意深刻，线条流畅，口盖紧密，工艺精细，深得行家好评。"春秋鸳鸯戏水壶"为与中央工艺美院李正安老师合作，"柔和壶"于 1994 年获第五届陶艺节评比三等奖，2001 年作品"对号入座""英雄壶"分获第三届中国工艺美术精品博览会金、银奖。

↘**沈建强　玉琮壶**
壶长 18.3 厘米，2014 年 12 月 10 日由上海泓盛拍出，成交价 80，500 元人民币。

顾建军 "孔家壶"的技术骨干

顾建军，1956年生于江苏宜兴丁蜀镇陶瓷世家，中国紫砂名家，工艺美术师，中国工艺美术学会会员，江苏省工艺美术学会会员。1984年调入江苏宜兴紫砂工艺厂，1988年毕业于江苏轻工业学院，长期从事紫砂陶的设计、创作至今。现为著名紫砂名牌"孔家壶"技艺骨干，技术全面、功底扎实。设计能力强，擅长各类紫砂、绞泥、绞泥贴片、镶嵌、紫砂微雕、圆素方器、筋纹器等制作、装饰，并具有多样性，其作品在国内外具有一定的影响力，并形成自己的风格。作品曾多次在全国陶艺评比和行业专家组织的评比中获奖。

其创作的"吉祥壶"获2002年中国十大名壶铜奖，2002年"吉祥如意"获中国华东工艺美术精品展一等奖，2007年"思源壶"在第三届宜兴陶艺新人新作展评中获三等奖，2009年"高山卧虎壶"获第九届中国工艺美术博览会"中艺杯"金奖，2009年"水纹鱼形壶""潇笠壶"分别获广东（湛江）首届茶业博览会金奖。作品分别入选《中国宜兴陶瓷艺术名人集》《壶论》《紫砂壶图》《壶史》《中国紫砂》等专业紫砂书籍。其作品深受壶艺收藏家以及行家所欣赏。

↘ **顾建军　逸舟壶**

孔新华　创作手法精湛

　　孔新华，1956 年生于江苏宜兴丁蜀镇陶瓷世家，工艺美术师，中国工艺美术学会会员，2007 年入编《中国宜兴陶瓷艺术名人集》。1987 年毕业于江苏宜兴轻工业学院，长期从事紫砂陶创作，其技艺娴熟，作品力求一丝不苟，擅长紫砂圆素方器、紫砂微雕的制作，绞泥装饰、光素器、方器手法精湛，并具多样性。作品新颖、造型古朴大方、和谐统一，并具实用艺术之韵。

　　其创作的"云山腾龙壶"2004 年获首届宜兴陶艺装饰展二等奖，2005 年"云龙壶"获中国宜兴第二届新人新作展三等奖，2006 年"云龙壶"在第八届全国陶艺设计创新评比中获铜奖，2006 年 9 月"锦带壶"被中国宜兴陶瓷博物馆永久收藏，2007 年 5 月"岳峰壶"获中国宜兴第三届陶艺专业新作展评二等奖，2010 年 3 月作品"锦带壶"获女陶艺家创新作品三等奖，2010 年 3 月作品"福在门前壶"获女陶艺家创新作品三等奖。

↘ **孔新华　云山腾龙壶**

↘ **孔新华　云龙壶**

　　此壶选自罕见绞泥，做工非凡，器型大气典雅，壶流四方，胥出自然，手把手握舒适，壶身挺而有力，壶钮祥云龙柱，更添霸气之味。

孔春华　继承传统，不断创新

　　1959 年出生于江苏宜兴陶艺世家，1987 年毕业于江苏宜兴轻工业学校，1992 年调进宜兴紫砂工艺厂研究所从事创新设计，现为工艺美术师，宜兴紫砂名人，江苏省工艺美术学会陶艺专业委员。

　　2005 年入编由世界华人交流协会主办的大型国际文化交流的《世界名人录》。在作品创作过程中，以继承紫砂优秀文化为基础，并不断创新，从而逐步形成自己的风格，使作品创作达到和谐统一、雅俗共赏的艺术风格。

↘ **孔春华　中国印壶**

　　2001 年 12 月由其创作设计的"文房四宝壶"获第三届中国工艺美术精品博览会银奖。2003 年 4 月由其创作设计"金钱蛤蟆壶"获中国十大紫砂茗壶评选全国奖。2003 年 5 月由其创作的"金蟾送宝壶"获首届宜兴陶艺专业展优秀奖。2006 年 10 月由其创作的"翔鹰""金蟾送宝"入选第八届全国陶瓷艺术设计创新评比。2007 年 12 月由其创作的"万象更新壶"获首届中国紫砂装饰大奖赛金奖。

↘ **孔春华　翔鹰壶**

　　此壶独特新颖的造型，尤以鹰形壶钮设计最为精妙，乃该壶的点睛之笔。超凡的绞泥和镶嵌技法，展示出一幅鹰之高瞻远瞩，扶摇直上的豪迈画卷，气韵不俗。

孔小明　作品具有浓郁的东方艺术特色

孔小明，1962年出生于江苏宜兴制陶世家，高级工艺美术师、江苏省工艺美术学会会员。1986—1989年在江苏省轻工学校陶瓷工艺专业学习。1992年调进宜兴紫砂工艺厂研究所从事创作设计，其作品做工精细挺拔，线条流畅自然，每件作品都融注着作者的心和意，每件作品都散发出浓郁的东方艺术特色，作品曾多次参加全国陶瓷展评与获奖。

1995年在宜兴市紫砂陶艺试评中，其设计制作的"古兽豹方壶"获三等奖；1995年在宜兴市紫砂陶艺试评中，"唐草提梁壶"获三等奖；2001年在第三届中国工艺美术精品博览会，"含苞待放壶"获优秀奖；2001年在第三届中国工艺美术精品博览会，"天地合一壶"获铜奖；2001年在宜兴紫砂艺术澳门交流展，"花提篮壶"获银奖；2002年中国十大紫砂茗壶评选中，"银箱壶"获银奖。

↘孔小明　银箱壶

此壶壶身是箱子造型，四面方正，平滑如镜。壶盖嵌入箱子之门，古朴动人。三湾流壶嘴曲中有直，粗细变化不寻常，方形飞把美观大方，再配以绞泥装饰，更显生动逼真。

↘孔小明　延年益寿壶

方小龙　以功力著称的紫砂名家

　　方小龙，1956 年生于江苏宜兴制陶世家。国家级高级工艺美术师，中国宜兴陶瓷学会副理事长。就职于中国紫砂博物馆紫砂艺术研究所。2000 年被中国工艺美术学会授予"中国紫砂优秀中青年陶艺家"荣誉称号。作品多次在美国、日本、马来西亚、中国台湾等地艺术交流展出，并多次获国内外评比大奖。

↘ **方小龙　美人肩壶**

↘ **方小龙　德钟壶**

　　此壶比例协调，结构严谨，圆柱壶体敦厚稳重，平盖矮柱钮，子母线吻合紧密。直流出水爽利，圆把线条流畅。

↘ **方小龙　九龙戏珠壶**

高建芳　花货大师蒋蓉的高徒

高建芳，1956 年生，江苏宜兴人，研究员级高级工艺美术师、江苏省工艺美术大师、江苏省陶瓷艺术大师，中国工业设计协会会员，江苏省陶瓷专业委员会会员。

高建芳为一代花货大师蒋蓉的高徒，得其真传，擅长紫砂象形壶的研究和创作。作品将紫砂陶艺的审美四大要素，即形、神、气、态贯通一气，把自然界的各种花卉、瓜果、蔬菜等物体形态经过模拟、提炼、升华，创作设计成各种精美雅致、栩栩如生的壶形。主要作品有六大系列八十余种作品，即荷花系列、西瓜系列、荸荠系列、南瓜系列、四季花卉与蔬菜瓜果小品系列、线条筋纹系列等。

↘ **高建芳　荸荠壶**

　该壶运用象形取意的手法，在忠实于荸荠自然原形的基础上，加以概括整合。壶形扁而饱满，壶身、壶嘴、壶把分别用不同的泥色来表现，整体造型优雅，色调自然，形态逼真，生动传神，做工精良，洋溢着田野情趣，是紫砂花货中的经典作品之一。

鲍利安　工艺精湛，得泰斗指点

鲍利安，1959 年生于陶都之乡宜兴。研究员级高级工艺美术师、江苏省工艺美术名人、江苏省陶瓷艺术名人，中国工艺设计协会会员。 1978 年进入宜兴紫砂工艺厂，曾先后师从高丽君、曹婉芬、潘持平等老师学艺。先后二次进入中央工艺美院进修、深造。后又得顾景舟大师三年的亲授指点。作品既继承传统，又富有现代气息；既注重内涵，又突出美感；既表现个性，又具有特色。在创作实践中，十分注重线与型的结合、神与气的表现、内涵与外延的有效融洽。其作品形象丰富，回味无穷。

作品多次在各类全国陶瓷展评中获奖：1990 年创作的"七头珠海翔龙壶"作品获全国陶瓷评比三等奖。同年七月在首届瓷都景德镇杯国际精品大奖赛中获三等奖。1994 年创作的"舞壶"在九四年中国陶瓷艺术展评暨第四届宜兴陶瓷艺术节中荣获二等奖。2000 年中国国家级第二届工艺美术大师精品展中"五福拜寿壶"荣获金奖，"结义"壶荣获银奖。2001 年第三届国家级工艺美术大师精品展中"烨玉壶"荣获金奖。2002 年第四届国家级工艺美术大师精品展中"吐艳组壶"荣获金奖，"祈盼壶"荣获银奖。2003 年第五届国家级工艺美术大师精品展中"恒羊开泰壶"荣获金奖。2004 年第六届国家级工艺美术大师精品展中"宝鼎壶"荣获金奖。2005 年上海国际艺术节"相知壶"获金奖。作品先后在《唐人工艺》《壶锦》《茶与壶》《紫玉金砂》《方圆天地》《砂壶集》等杂志多次刊载。

↘鲍利安　大亨掇球壶

李圆林　筋纹器造诣精深

李圆林，1959年10月出生于陶都宜兴，高级工艺美术师。1978年进入紫砂厂，曾先后从师于束风英，范洪泉，何挺初学习紫砂陶制作工艺，且得到顾景舟大师的亲授指点。1983年、1988年先后两次参加中央工艺美术学院举办的紫砂造型制图班学习深造。

1990年，与张智守教授合作的"飞碟对壶"获全国陶精品大奖赛三等奖。2002年，"曲韵壶"被无锡博物馆收藏，2003年"月菊壶"被南京博物馆院收藏，2004年"菊花八瓣壶"被英国剑桥大学博物院收藏，2005年"曲韵壶"被国务院紫光阁收藏。2005年被评为高级工艺美术师。

胡永成　以功力得声誉

胡永成，1957年生，高级工艺美术师，中国工业设计协会会员，江苏省工艺美术协会会员。1976年进宜兴紫砂工艺厂，从师高级工艺美术师李碧芳学艺；1978年和老师一起从事带班辅导工作；1984年参加汇西景德镇全国陶瓷设计进修班学习；1989年参加中央工艺美术学院造型设计进修班学习专业。其练就了深厚的基本功，紫砂作品功力深厚，广受好评。

曹奇敏　颇具个性的实力派代表人物

　　曹奇敏，高级工艺美术师，江苏省陶瓷行业协会会员。1988 年进入紫砂工艺厂后，先后师承施小马等多位名师，全面系统的学习了陶刻、造型设计及传统手工制壶工艺。2006 年 10 月，他参加宜兴首届紫砂陶百人现场全手工大赛并获奖。曹奇敏精通光素器、方器以及绞泥、陶刻等多种装饰手法，尤擅长全手工制作各类高难度方器。2005 年 4 月，他的"绞泥金律"和"北魏造像"两件作品被国台办作为礼品赠送给国民党访问大陆代表团。他擅长把绞泥镶嵌、陶刻装饰等诸多技法与传统制壶工艺相结合，逐渐形成了自己的风格特色，突出了自己的鲜明个性。近年来更加注重追求作品的内在气韵，追求形、气、神的完美统一。曹奇敏是位颇具个性的创作型陶艺家，创作的很多作品都获得了较大的成功，是典型的实力派代表人物之一。

↘ 曹奇敏　绞泥布道壶

↘ 曹奇敏　绞泥布道壶

陈玉良　光器、花器、筋纹器皆有擅长

陈玉良，1963年出生于陶都、紫砂之乡江苏宜兴。1984年进入壶艺界，广泛接触壶艺名家，吸取制壶技艺，1994年进入宜兴紫砂工艺厂，创立个人工作室。凭借对紫砂壶艺的执着追求，刻苦学习，制壶技艺日渐完美，形成独特风格：光器造型雅致，细条流畅；花器身形兼备，超于自然；筋纹器端庄华贵，疏密严合。

1997年"南瓜壶"获中国瓷都——景德镇国际艺术节优秀奖，2000年"玉钟壶"获第二届中国工艺美术大师精品展铜奖，2001年"合欢壶"获中国工艺美术精品博览展银奖，"南瓜系列壶"获第三届中国工艺美术大师精品展银奖，2002年"碧玉壶"获第四届中国工艺美术大师精品展传统艺术金奖，2003年"秋硕壶"获第五届中国工艺美术大师精品展金奖。2007年"合欢壶"被河南博物院收藏，2009年"鱼化龙壶"获第十一届中国（国家级）工艺美术大师精品博览会金奖。2013年11月被全国工商联授予"中国工艺美术大师"称号。

↘**陈玉良　南瓜壶**

此壶乃精工之作，顶盖作瓜蒂状，身近椭圆形，溜肩，圆腹。外表做倭角以仿南瓜之纹线，筋瓤鼓起饱满，壶表高低起伏，形态优美动人，气韵古雅端庄。

6

新世纪崛起的壶坛中坚
广受瞩目的60后壶坛精英

高振宇　从陶瓷名门走出来的教授型紫砂精英

王　辉　清华大学紫砂艺术研究所领军

杨　帆　清华美院陶瓷艺术硕士生导师

张正中　清华硕士，中国紫砂十二精英之一

桑黎兵　壶中有画，画中有壶

范建军　承家学后来居上

……

高振宇　从陶瓷名门走出来的教授型紫砂精英

　　高振宇，1964 年生于江苏宜兴陶瓷世家，现为中国艺术研究院研究员、鲁迅美术学院客座教授、日本东京武藏野美术大学客座教授。1982 年进入宜兴紫砂工艺厂，师从顾景舟先生学习紫砂壶传统工艺。1985 年进入南京艺术学院工艺美术系陶瓷专业，1990 年赴日本留学，考入东京武藏野美术大学工业工艺设计系陶瓷专业研究生院，1993 年毕业，获硕士学位，同年回国，任职于中国艺术研究院，从事陶瓷艺术创作研究。

　　参加的主要展览有：1985 年至 1990 年先后参加在东南亚、日本等国家地区举办的十余次紫砂陶艺展；1999 年海峡两岸陶艺作品交流展；2001 年特邀参加中国台湾历史博物馆举办的陶艺双年展；2001 年瑞士阿林娜陶艺博物馆举办的中国现代陶艺展、中国当代陶艺世界巡回展等；2003 年参加中国工艺美术大师及教授展（北京）；2004 年参加顾景舟及其弟子作品展，同年 11 月策划并参加东亚国际陶艺展（中国美术馆）。2005 年 5 月策划举办宜兴国际陶艺展暨国际陶艺研讨会，11 月参加中日韩三国陶艺交流展（韩国首尔）。

↘ **高振宇　金高对壶**
　　壶高 16 厘米、高 13.5 厘米，2012 年 10 月 30 日由中国嘉德拍出，成交价 2,530,000 元人民币。

↘ **高振宇　唐风元韵清韵壶**
壶长 19 厘米、高 9 厘米，2013 年 6 月 4 日由北京匡时拍出，成交价 1,725,000 元人民币。

↘ **高振宇　神鬲壶（一对）**

王辉　清华大学紫砂艺术研究所领军

　　王辉，清华大学美术学院副教授，美国 HOOD 学院客座教授、无锡工艺职业技术学院客座教授、宜兴紫砂行业协会文化艺术研究会副主任。

　　王辉把中国传统陶瓷艺术作为主要研究方向，其中包括传统陶瓷茶器创作与理论的研究。他认为中国传统陶瓷艺术具有丰富的艺术形式、辉煌的艺术成就，如何延续和发展中国陶瓷艺术，如何使之为我们当代生活服务，这是我们研究的主要目的和意义。而能够达到这一目的的唯一手段就是在符合当代生活环境下的设计创作，当代陶瓷艺术创作必须以各种不同的类别所具有的文化背景、材质特性、功能效用为基础，以符合当代生活方式以及审美需求为目的。不同的材质特性形成了不同的艺术风格；不同的功能效用形成不同的艺术形式；不同的文化内涵形成不同的艺术魅力，只有挖掘不同门类陶瓷艺术的文化内涵、分析不同陶瓷材质的材质特性、符合不同门类的功能效用，在此基础上我们才能设计创作出符合当代生活方式、符合当代审美需求又没有丢失特定陶瓷门类所具有的个性文化意味的艺术作品。

　　其作品"趣"被无锡博物馆收藏；"潺"入选第十届全国美展；"五色土"被中南海紫光阁收藏陈列；"奇罗香风壶"收录于《中国当代艺术全集》等。

↘ 王辉　绮罗凌风壶

杨帆 清华美院陶瓷艺术硕士生导师

杨帆，原籍山东莱州，1975 年 12 月生于北京。现为清华大学美术学院陶瓷艺术设计系副教授。1998 年毕业于中央工艺美术学院陶瓷艺术设计系。

2003 年获清华大学美术学院陶瓷艺术设计系硕士学位。2009 年获清华大学美术学院陶瓷艺术设计系博士学位。

有多篇论文发表在国家权威核心刊物，论文研究的内容主要是对我国陶瓷工艺文化中的造型、装饰、功能、技术、传承方式以及工艺思想等内容进行研究，其中《宜兴紫砂工艺思想探微》《宜兴紫砂制陶的技艺融会》《宜兴紫砂工艺统筹整体的工艺思想》几篇论文，从比较新的视角研究了宜兴紫砂工艺这一国家级非物质文化遗产。

其创作的陶瓷作品曾多次参加国内外陶艺作品展，并入选作品集，陶艺作品曾获中国美术家协会艺术委员会、陶瓷艺术专业委员会举办的第二届全国陶瓷艺术展二等奖。

↘ 杨帆 一泉壶

↘ 杨帆 新韵壶

张正中　清华硕士，中国紫砂十二精英之一

　　张正中，1964年生于江苏宜兴，又名张振中。江苏省工艺美术大师、研究员级高级工艺美术师、中国美术家协会会员、中国工艺美术学会会员、宜兴紫砂文化艺术研究会会员、中国工艺美术学会聘客座教授。曾获"中国紫砂优秀青年陶艺家"称号，2004年被评为"中国紫砂十二精英"。

　　张正中大师的作品以感性创造在理性紫砂世界中独树一帜，学院风格与传统融合的探索成果卓然。作品多次在海内外大展中获奖，其中2001年作品"海风组壶"获第三届中国工艺美术大师精品博览会银奖；2002年作品"年轮"获第四届中国工艺美术师精品博览会金奖；同年作品"海风""星际"入选埃及第六届开罗国际陶艺双年展，其中"海风"被收藏于中国驻开罗大使馆；"束柴三友""寿桃"被美国大都会博物馆与中国香港茶具博物馆收藏；2003年"天地"获第二届全国陶艺展金奖，"脱颖"获第二届全国陶艺展铜奖；2004年"天地"入选法国"中法文化年系列美术作品展——陶艺展"并入选加拿大"中国现代陶艺展"。

↘张正中　段泥秋林壶

↘ **张正中　生命**

　　以传统的工艺技艺表现现代的审美思维，作品既是作者艺术功力的展示，又是作者的创作思想、艺术内涵的体现。

桑黎兵　壶中有画，画中有壶

桑黎兵，1960 年生于江苏宜兴，研究员级高级工艺美术师、江苏省工艺美术大师，中国工艺美术学会会员，中国工艺美术学会紫砂艺术学会会员，中国工艺美术学会江苏陶艺专业委员会会员。

1984 年毕业于江苏宜兴陶瓷工业学校陶瓷美术专业，后分配在宜兴紫砂工艺厂研究所，从事紫砂壶艺创作设计制作。在传承传统基础上，大胆创新开拓，力求新奇，用紫砂"五色土"在壶体上装饰和表现，形成自己的独特风格，作品表现力强，追求诗情画意，达到"壶中有画，画中有壶"之美感。2005 年荣获中国紫砂十二精英之一称号。作品"松鼠葡萄壶"被国台办选入特别礼品，分别送给连战和宋楚瑜，很多作品成为电视剧《紫玉金砂》的主要道具，赢得了国内外客商的收藏和好评。

↘ **桑黎兵　甜蜜蜜壶**

范建军　承家学后来居上

范建军，1962 年 8 月生于江苏宜兴，字一明。研究员级高级工艺美术师，江苏省工艺美术大师，江苏省陶瓷艺术大师。1980 年进入宜兴紫砂工艺厂，随鲍志强大师学习紫砂陶刻技艺。1983 年进入无锡轻工业学院设计系进修，学习陶瓷造型设计及装饰。回厂后随母亲曹婉芬学习制壶技艺及从事紫砂陶造型设计。近年来所设计制作的作品颇受壶艺爱好者的喜爱，并屡次获各类奖项。

其设计的"壶艺掇英"获 1990 年全国陶瓷评比二等奖。"紫砂文具"获 1994 年全国陶瓷评比一等奖。"四季流芳"组壶获 1994 年全国陶瓷评比优秀奖。"凌风劲节茶具"获 1997 年江苏省工艺美术评比二等奖。"叶落归根茶具"入选 1997 年香港回归名家作品展。"生命系列"获 2001 年第二届工艺美术大量作品暨工艺美术精品博览会金奖。"荆溪十景"组壶获 2002 年第四届中国工艺美术大师精品博览会暨"中国工艺美术优秀作品评选"金奖。2001 年被中国工艺美术学会授予"2000 年中国紫砂优秀中青年陶艺家"称号。

↘**范建军　凌寒壶**
壶高 15 厘米，2012 年 5 月 26 日由北京翰海拍出，成交价 230,000 元人民币。

华健　精于艺而不张扬

　　华健，1964 年生，研究员级高级工艺美术师，江苏省陶瓷艺术大师。1982年进入宜兴紫砂工艺厂，师承工艺美术大师顾绍培、高级工艺美术师刘建平，从事紫砂工艺创新制作。1986 年进入紫砂工艺厂研究所，随顾绍培大师继续深造，善制各类紫砂器皿，尤擅长方器造型的设计制作，所制作品古朴、稳重大方、形神俱佳，线条刚柔相济，且具张力，追求玉器般的质感，不求纤巧，不加无谓雕琢，口盖挺括紧密。紫砂全手工制作技艺功底不凡，属同辈艺人中的佼佼者。1989 年参加中央工艺美术学院造型设计进修班，使其设计制作的紫砂器艺术风采倍增，在传统风格中又体现出现代意境，其作品广泛登载于《壶锦》《砂壶集》《壶艺宝典》《天地方圆》《茶与壶》等著名刊物。

　↘**华健　高简洁壶**
　　壶高 10 厘米，2012 年 5 月 26 日由北京翰海拍出，成交价 483,000 元人民币。

↘ 华健　坦然壶

　　此壶造型由汉方壶变化而来，选用优质紫泥并在壶身上配有雕花纹饰，压盖四平，执流四方，显得庄严大方，坦荡卓然。壶高 10 厘米，2013 年 5 月 31 日由北京翰海拍出，成交价 517,500 元人民币。

↘ 华健　莲蹬高壶

许艳春　出类拔萃的紫砂巾帼

　　许艳春，1965 年出生于江苏宜兴，江苏省工艺美术大师，江苏省工艺美术名人，研究员级高级工艺美术师。1989 年毕业于南京艺术学院工艺系陶瓷设计专业，1996 年荣获宜兴市政府授予的"青年科技英才"称号，是同辈中最为出类拔萃的女紫砂艺术家之一。

⬊ **许艳春　意竹茶具（五件套）**

　　此套茶具古朴之中富有雅趣，华美之外又别具意韵，既继承传统，又不拘泥于古，造型新颖，神韵出众，高雅大方。

⬊ **许艳春　四大美人套件**

范建华　尧臣弟子，壶门女将

范建华，1964 年出生，研究员级高级工艺美术师、江苏省工艺美术名人、江苏省陶瓷艺术名人。1982 年进入宜兴紫砂工艺厂，拜著名工艺美术大师吕尧臣为师，打下了扎实的基本功，后随母曹婉芬进一步钻研造型设计及制作技艺，擅长制作各类紫砂器皿，特别是花货及筋纹器的制作，得到母亲的悉心指导，所创作设计的作品古朴典雅、线条流畅、精巧秀美。1988 年进入中央工艺美术学院进修陶瓷造型设计，使设计能力得到了进一步的提高。

多年来屡获各项奖项，其中"硕梅茶文具"获中国宜兴国际陶艺展二等奖、第七届全国陶瓷评比优秀奖，"梅花三弄"获华东工艺美术精品奖金奖，"喜鹊登梅"获江苏省首届新人新作二等奖，"梅椿茶文具"获江苏省首届新人新作二等奖，"龙出升天"获江苏省首届新人新作优秀奖，"鸣啸茶具"获中国传统工艺精品奖，"鱼跃茶文具"获中国陶瓷艺术展览、中国名窑名瓷名人名作展铜奖。

↘**范建华　茗顶飘香壶**

此壶壶身丰润饱满，壶嘴与钮以梅树枝为形。壶身盖面贴塑梅花，形神兼备，凸显冰肌铁骨之势，反映出梅的精神品格。壶高 12.5 厘米，2014 年 5 月 9 日由北京翰海拍出，成交价51,750 元人民币。

顾斌武　传承家学，精通花货塑器

顾斌武，又名小兵，1963 年生于江苏宜兴紫砂世家，高级工艺美术师，中国工艺美术学会会员。1981 年高中毕业后师承研究员级高级工艺美术师顾道荣学艺，曾进中央工艺美院陶瓷系进修深造。作品以花货塑器得到壶界推崇。许多作品先后获奖，为各博物馆收藏，并在各专业书刊上刊载。从艺三十多年来，刻苦努力，多次参加专业知识的学习培训，理论知识丰富，制作功底扎实，精品颇丰。作品"三友壶""龙蛋壶""金钟南瓜壶""风和日丽""洋洋得意""荷花仙子"等曾多次刊载于《壶中天地》《茶与壶》《天地方圆》《紫砂风采》等书刊。

◥ **顾斌武　笑樱壶**
此壶设计巧妙，整个壶形采用樱花树的肌理表现，加以树皮状纹理修饰整个壶身、壶盖，很是巧妙，做工精致微妙，稳妥古拙，寓意人生命的长寿长青。壶高 9 厘米，2013 年 12 月 7 日由北京翰海拍出，成交价 345,000 元人民币。

◥ **顾斌武　岁寒三友壶**
此壶集松、竹、梅三树桩合为一体，壶把、壶嘴状若虬屈的梅枝，用原矿红皮龙泥全手工制成，全器浑若天成。壶高 10.5 厘米，2013 年 5 月 31 日由北京翰海拍出，成交价 322,000 元人民币。

王铭东　风格鲜明，理念独特

　　王铭东，1966 年生于陶都江苏宜兴丁蜀镇，工艺美术师。1983 年进入宜兴紫砂工艺厂，先后师承名师江建祥、大师汪寅仙。1991 年创立随缘居紫砂工作室，致力于造型和研究。从艺二十余年，曾先后得到吴群祥老师、吕尧臣大师等诸多名师的点拨和言传身教，形成了鲜明的个人风格和独特的创作理念：素器表现器皿的线条张力通顺流畅，花器追求藤蔓自然和枝叶舒展飘逸。

↘ **王铭东　清竹壶**

↘ **王铭东　僧帽壶**

吴文新　作品曾创吉尼斯世界之最

吴文新，1966 年生，工艺美术师，江苏省陶瓷行业协会会员、江苏省徐悲鸿书画研究会会员。

1982 年进入陶艺行列。1994 年适逢第五届全国陶瓷艺术设计评比，与其师顾绍培先生合作创作的"什锦小型花盆"获优秀奖，1995 年进入中央工艺美术学院专修造型设计专业，结业作品"新供春"被学院收藏。历年来屡次在国内、国际的展览、评比中获奖，其中 1998 年参加第六届全国陶瓷艺术设计评比，并获宜兴地区唯一的一等奖，同年设计制作的特大壶"中华第一壶"获上海吉尼斯世界最大壶纪录。

↘ 吴文新　秋叶残荷壶

王奋良　王寅春传人，深得家学真传

　　王奋良，1964 年出生于江苏宜兴上袁村（今紫砂村），高级工艺美术师，近代著名紫砂艺人王寅春之孙，是王氏家族中第三代继承人的代表。1986 年大学毕业后，随父王三大学艺，并经常受到伯父王石耕、叔父王小龙的悉心指导。1993 年进入中央工艺美术学院陶瓷系学习。技艺全面，功力扎实。1994 年与中央工艺美术学院陶瓷系教授李正安共同创作的作品"方案"在全国第五届陶瓷设计创作比赛中获得三等奖；作品"常喜"被中央工艺美术学院作为教学资料收藏；作品"石榴"被无锡博物馆永久收藏；2000 年作品"海棠壶"获第二届大师精品展铜奖；2001 年作品"方琼"获第三届大师精品展银奖；2003 年首届宜兴陶艺新人新作展评活动中，其创作的"儒壶"获一等奖。

↘ **王奋良　风卷葵壶**

↘ **王奋良　知足壶**
　　壶高 10 厘米，2013 年 12 月 3 日由北京匡时拍出，成交价 23,000 元人民币。

邵美芳　紫砂巨匠邵大亨传人

　　助理工艺美术师，王奋良夫人，1966年生于紫砂发源地江苏宜兴上袁村（今紫砂村），紫砂巨匠邵大亨之后，受家族影响，自幼对紫砂艺术耳濡目染。1984年随父邵忠源学艺，掌握了扎实的基本功，后拜王三大为师。曾为紫砂一厂制作多款出口产品。

↘ **邵美芳　子冶石瓢壶**

↘ **邵美芳　半月壶**
　　此壶通身犹似半个月亮，壶盖与壶体镶接完美，子母线紧紧融合，一弯流嘴胥出自然，壶把浑厚古朴，器形稳重、简单利索，同时不失优美。

唐彬杰　传统制壶功力突出的实力派

　　唐彬杰，1968年出生于江苏宜兴，高级工艺美术师。1986年起从事紫砂壶创作设计制作。1993年进入宜兴锦达陶艺有限公司工作，拜顾绍培大师为师，在师父的悉心指导下，系统地学习了紫砂壶、盆、瓶等多种器形技法和造型设计理念，制作工艺上秉承纯手工制作的风格。1994年参加中央工艺美术学院陶瓷美术设计培训班进修，被誉为同辈中传统制壶功力突出的实力派代表人物之一。

　↘**唐彬杰　蟠梁壶**

　　此壶壶盖与壶把之上各以古兽装饰，形态栩栩如生。三弯流壶嘴，提梁把，鼓腹圆润圆润，呈人字型，圆弧底三兽足，素身无纹，简洁不失沉稳，富有深厚韵味。

　↘**唐彬杰　乾坤葫芦壶**

　　壶高14厘米，2012年12月3日由北京保利拍出，成交价101,200元人民币。

　↘**唐彬杰　祥瑞壶**

　　此壶造型独特，寓意敬孝感恩。全器圆润光滑，雄健浑厚。胎体轻薄，做工精巧细致，线条流畅和谐。壶高10厘米，2013年12月7日由北京翰海拍出，成交价621,000元人民币。

吴东瑾　师从名师，壶界泰斗再传弟子

　　吴东瑾，1967 年生，江苏宜兴人，工艺美术师。她幼时受父辈们的熏陶，对紫砂工艺产生了浓厚兴趣。1983 年师从高级工艺美术师吴群祥学习紫砂壶造型艺术，得其真传。1994 年到中央工艺美术学院陶瓷造型设计专业进修。其作品具有独特的艺术风格，且技艺精湛、做工精良，得到各界朋友的肯定和好评，被壶艺爱好者广为珍藏。

◢吴东瑾　林语壶

◢吴东瑾　青秀壶

　　此壶采用段泥料制作，砂质颗粒，粗中有细，朴实素雅。二节竹段嘴，竹段把，器身圆润饱满。壶高 8 厘米，2013 年 12 月 3 日由北京匡时拍出，成交价 92,000 元人民币。

沈忠英　作品器正工精，雅俗共赏

　　1968 年生于江苏宜兴，高级工艺美术师。20 世纪 90 年代初进入宜兴紫砂厂研究所从事紫砂新品设计及新品样品制作工作，积累了扎实的传统制作功力，掌握了丰富的装饰技法和高超的技艺。2006 年到北京参与成立中国紫砂艺术院的前期筹备工作，现为中国紫砂艺术院国粹紫砂艺术创作中心创作研究员。作品器正工精，趣韵兼具、雅俗共赏。

　↘沈忠英（制）王文英（书）堵江华（铭）　尚宽壶

　↘沈忠英（制）王文英（书）堵江华（铭）　半月壶

王芳　王寅春孙女，传承家学

王芳，出生于江苏宜兴上袁村（今紫砂村），国家级工艺美术师、青年陶艺家、中国工艺美术学会会员。近代紫砂巨匠、著名七大老艺人之一王寅春的小孙女。1987年高中毕业后，开始学习紫砂全手工制壶技法，得到父亲王三大的悉心传授，刻苦钻研、苦练制壶基本工，在数十年的不断积累和努力学习下，继承了王家的制壶技艺风格和内涵。

作品"红菱碗壶"获第二届太湖博览会银奖，"旭日东升壶"获第六届大师精品博览会银奖，"步步高升壶"获第八届大师精品博览会金奖，"美人肩壶"获最具潜力工艺美术大师金奖，"月竹壶"获第十三届大师精品博览会传统艺术金奖；"三足合菊壶"获第十三届大师精品博览会金奖。

↘ 王芳　合菱壶

↘ 王芳　旭日东升壶

此壶造型稳重秀雅，气韵充沛，壶肩处堆叠出曼妙线条分割上下，流把胥出自然，嵌盖气密性好，拱起一粒圆珠壶钮，红润若初升的朝阳，铺点的金砂与线条融合，若旭日旁绚烂云霞，美丽恢弘。

庄玉林　师从顾绍培大师

　　庄玉林，1965 年生于江苏宜兴，高级工艺美术师，中国工艺美术协会会员。1982 年进入宜兴紫砂工艺厂，随大师顾绍培学习紫砂壶制作工艺。1988 年参加中央美术学院造型设计培训班。现任职于宜兴紫砂工艺厂研究所，专门从事紫砂艺术创作，作品深受港、澳、台客商与收藏家的青睐，并多次荣获国内大奖，代表作品有"六方醒辰""珠方""雅竹""六方醒晓"等。

↘ 庄玉林　六方醒辰壶

↘ 庄玉林　高四方竹壶

沈美华　美壶精工，顾景舟再传弟子

　　沈美华，1969 年出生于江苏宜兴紫砂世家，高级工艺美术师，中国工艺美术学会会员，宜兴紫砂文化艺术研究会会员。自幼跟随姑妈、姑父沈遽华、李昌鸿大师学习传统紫砂壶技艺。2011 年结业于清华大学美术学院举办的中国工艺美术大师高级研修班。

　　作品在国内外工艺美术大展中获奖，2001 年作品"太湖浪花"获第三届中国工艺美术精品博览会铜质奖；2002 年作品"大合欢系列"获第四届中国工艺美术精品博览会银质奖；2003 年"印心莲花""祥云如意"入选江苏工艺品博览会；2010 年"荆溪浪花""一品梅花"被华东师范大学艺术研究所收藏；2011 年"紫砂高德钟壶"被中国工艺美术馆收藏。

↘沈美华（制）吴锦川（刻绘）　宝菱壶

　　此壶全器工巧逼真，流、把形式和壶的高身相协调，美观大方。　正面以红泥泥绘两只莲蓬和一只蝴蝶，意境难得，唯有心思细腻之人方能品味。

↘沈美华（制）李昌鸿刻绘（刻绘）　美人肩壶

　　此壶壶体上丰下敛，亭亭玉立。三弯流与耳形壶把细而柔长，畅通无碍，工艺之高超令人叹为观止。壶身正面李昌鸿刻绘，生动逼真。

高俊峰　作品形体优美，陶刻精细

　　高俊峰，1969 年生于江苏宜兴的制陶世家，工艺美术师。从小就深受艺术的熏陶，并在长期的学习中积累了扎实的基础。作品形体优美，陶刻精细，重点突出紫砂的"形、气、神"三要素。所制作品多次获得国内外大奖，并被多种艺术杂志刊载。

↘高俊峰 张勇　三友笔筒

↘高俊峰 张勇　三友瓶

↘高俊峰　苍硕壶

　　此壶以树桩的肌理纹为创造起点，一条条如沟壑般的纹理，好似大树所留下的年轮一般，富有沧桑感和时代感。壶高 10.2 厘米，2014 年 5 月 9 日由北京翰海拍出，成交价 63,250 元人民币。

李卫明　中青年实力派制陶手

　　李卫明，1968年生，工艺美术师，中青年实力派制陶手。师从中国紫砂名人张庆臣，又得中国工艺美术大师徐汉堂、李昌鸿亲授和指导。1995年受台商邀请加盟"六艺"陶瓷有限公司，擅长传统薄胎方器和筋纹器创作，器形线条把握精确，传统气韵浓厚。二十余年的创作生涯中，曾经大量临摹仿制历代名师大作，悉心研究，近年来新品佳作屡获大奖，作品深受壶艺爱好者的青睐。

⬂ **李卫明　臧六套组**

⬂ **李卫明　梅花周盘壶**

黄芸芸　女紫砂实力名家

　　黄芸芸，1969年生于江苏宜兴，工艺美术师。1990年毕业于苏州大学，同年进入宜兴紫砂一厂随其母高级工艺美术师葛明仙（吴云根之徒）学艺，1992年进入中央工艺美术学院进修陶瓷设计。三十多年来勤耕不辍打下深厚的传统全手工制壶根基，其作品敦厚中见灵动，蓄内劲而不扬。近几年潜心揣摩历代名作，融古汇今，佳品不断！她被誉为同辈中实力派女紫砂名家代表人物之一。

↘ **黄芸芸　清幽壶**

　　壶高9.5厘米，2014年10月25日由福建东南拍出，成交价48,300元人民币。

↘ **黄芸芸　海棠壶**

　　此壶器型沉稳博雅，凝重简洁；色泽厚重，底蕴深沉。器身作球形，腹下部微敛，短颈、平底、弯流，流与腹部衔接处贴塑四瓣柿蒂形纹饰，平盖，钮作葫芦状，无子母口，作品工艺精湛，气势挺拔，细节处理严谨。

万新洪　师从何道洪

　　万新洪，1967年，工艺美术师。1984年开始从事紫砂设计制作，经表兄何道洪指导，壶艺日渐精进，严于律己，吸取众长，其壶艺突出体现在传统的光货素器上，作品全部以全手工制作完成，选料讲究、工艺精到，深得海内外收藏界人士的好评。

↘ **万新洪　道洪式掇球壶**

↘ **万新洪　宝塔形式提梁壶**

周菊英　得诸多名家大师指点

　　周菊英，1968年生于陶都宜兴，工艺美术师，中国工艺美术学会会员。1988年进入宜兴紫砂工艺厂，师从邵毓芬学习制壶工艺，后更得季益顺、吴群祥等名师指点，技艺日臻完美。善于吸收众家所长，融会自己对紫砂艺术的领悟，擅长花货、光器制作。作品曾作为江泽民、荣毅仁、钱其琛、李铁映等国家领导人出访国礼，被赠于国际友人。

↘ **周菊英　金凤祈祷壶**

↘ **周菊英　玉扁壶**

朱晓东　作品简洁大方，古朴典雅

朱晓东，1968 年生于江苏宜兴陶艺世家，中青年陶艺家。自幼师从家教，1984 年进入宜兴紫砂工艺厂师从高级工艺美术师蒋小彦。1988 年进入紫砂工艺厂研究所。1992 年进入中央工艺美术学院研修。毕业作品"纯正"被美院收藏。创作的作品，简洁大方，古朴典雅，制作细腻，精雅怡人。作品被多家博物馆和收藏家收藏。

吴扣华　独创花货个人风格

吴扣华，1964 年生，研究员级高级工艺美术师。1982 年涉足紫砂行业，师承徐秀堂、邵新和、吴汝莲等名师，系统学习了书画艺术、紫砂陶刻、紫砂雕塑、紫砂制壶等工艺。造型设计中讲究作品的形神兼备、新颖别致。在实践中创新出全手工"贴梅花法""塑竹根法"等新工艺。1993 年参加香港 93 紫砂精品展，作品被港台多家报纸杂志报道。1996 年参加上海紫砂精品展，展出紫砂艺术界最大对壶"八运壶""鸿运壶"（每壶各可容水 380 斤），上海电视台、东方电视台、《新民晚报》都对其做了专题报道，作品被港澳台地区很多收藏家收藏。

↘ **吴扣华　提壁壶**

　　此壶提梁线条柔和，口流角度优美，盖与钮的处理则严谨而端正。壶体之上刻荷塘图案，清新柔美。壶长 17.5 厘米，2013 年 6 月 4 日由北京保利拍出，成交价 483,000 元人民币。

范国华　理趣兼备，合于美学的"花货魔术师"

　　范国华，1969 年生，南京艺术学院专修班毕业，作品擅长花货，对于自然界的花草生物观察入微，基于内心的观感作为独特的艺术表达将紫砂陶艺的赏与玩臻于形而上的境界，是位理趣兼备，合于美学的花货魔术师。

↘范国华　醉寒壶

7

壶坛后起之秀，市场
高度关注的70后实力新锐

范伟群　最具潜力的青年陶艺家领军人物

吴东元　底韵实力兼具，最具发展潜力

吴界明　青年一代中最具潜力的代表

汤　杰　顾绍培大师嫡系传人

顾　婷　深得父辈真传

高旭峰　名门之后，集多位名师之长

……

范伟群　最具潜力的青年陶艺家领军人物

范伟群，1970 年出生于江苏宜兴陶艺世家，清末民初制壶大家范大生嫡孙，研究员级高级工艺美术师、江苏省陶瓷艺术大师、中国工艺美术学会会员，范家壶庄创办人。自创办范家壶庄以来，致力于继承传统和发扬具有范家特色的紫砂工艺艺术。

1984 年进入宜兴紫砂二厂随吴同芬老师学艺，后被中国工艺美术大师徐汉棠收为己徒。在大师的亲切关怀和悉心教导下，在紫砂工艺的制作技法和创作手法上有了更大提高，光素器、花塑器、筋纹器样样精通。先后创作的多个新品相继入选参加港澳台地区展览，获得一致好评，深得海内外客商喜爱，成为当代紫砂界最具潜力的青年陶艺家之一。在此后二十多年的从艺生涯中，创作出百余个紫砂新作，获得了几十个专业陶艺展评奖项，壶友遍及国内各大省市以及东南亚。所制作品以工精、形美、韵深，而闻名海内外。

↘ **范伟群　僧帽壶**

此壶 2012 年 9 月 1 日由江苏和信拍卖有限公司拍出，成交价 920,000 元人民币。

↘ **范伟群　上善若水壶**

吴东元　底韵实力兼具，最具发展潜力

　　吴东元，字半丁，1972 年出生于江苏宜兴蜀山，高级工艺美术师。美术学校毕业后因喜爱紫砂陶艺，随其叔叔（吴群祥）悉心钻研紫砂工艺技法，创作思路宽阔，富于变化，设计的作品端庄典雅，线条流畅，工艺精巧，并擅陶刻。代表作有"四灵"系列，"大地与生命"系列。同辈紫砂艺术名家中最有底韵、最有实力、最有潜力的代表人物之一。

↘ **吴东元　悠然壶**
　　此壶用清晰的脉络、扁圆的壶身，给人一种舒适、自然的感觉。壶高 7 厘米，2012 年 12 月 8 日由北京翰海拍出，成交价 71,300 元人民币。

↘ **吴东元　慧泉提梁壶**

吴界明　青年一代中最具潜力的代表

吴界明，1973 年生于江苏宜兴蜀山，现任职于吴群祥工作室。自小喜爱紫砂陶艺，高中毕业后，立志紫砂行业，在叔叔著名紫砂陶艺名家吴群祥先生的精心指导和传授下，技法日显成熟，技艺日趋精湛，功力日益精深。观其壶作，形神兼善，意韵超然，是青年一代中最具潜力、最有实力的代表人物之一。

↘ 吴界明　三足柱础壶

壶高 8 厘米，2011 年 11 月 17 日由北京翰海拍出，成交价 80,500 元人民币。

↘ 吴界明　金蟾四方壶

汤杰　顾绍培大师嫡系传人

汤杰，1972年生，高级工艺美术师、中国工艺美术家协会会员、中国陶瓷协会会员、中国工艺美术大师顾绍培工作室创作设计人员、嫡系传人。

1992年进入中国宜兴锦达陶艺有限公司艺培中心习壶技艺，后经考核被破格选送特艺班进修。1995年进入总工艺师顾绍培大师工作室深造至今，同时接受中国南京艺术学院吴山教授造型装饰设计的专业培训，基本功扎实，技艺注重历代名人风格，追求艺术完美，造型严谨，善作筋纹、方器，近期每年多有新品问世，参加国内外大型展览且屡屡获奖，还应邀参加各地区进行学术交流与紫砂传统工艺技艺表演。

↘**汤杰　翔云壶**

顾婷 深得父辈真传

顾婷，1976 年出生，高级工艺美术师，中国工艺美术大师顾绍培之女。1992 年进入宜兴紫砂工艺厂研究所随父学习制壶技艺，1994 年接受中央工艺美术学院造型设计专业培训，1995 年得到南京艺术学院吴山教授在造型、装饰设计方面的专业培训，2007 年毕业于江苏广播电视工艺美术专业。

其擅长全手工传统技法，基本功底扎实，近年创作的新品"春涌大地""锦云玉柱对壶""乘风破浪"等屡获全国大奖，多件优秀作品都被地方和国家博物馆收藏，经常应邀到海内外各地区进行学术交流与技艺表演。

↘ 顾婷 金砂玉带壶

↘ 顾婷 汤杰 平安如意壶

壶长 18 厘米，2011 年 6 月 2 日由北京保利拍出，成交价 184,000 元人民币。

高旭峰　名门之后，集多位名师之长

　　高旭峰，1970 年生于江苏宜兴制壶世家，工艺美术师，外祖父为著名陶艺名家王寅春。1986 年进入紫砂培训班学习制壶，1988 年进入宜兴紫砂工艺厂，师从国家级高级工艺美术师谈跃伟，在制壶技法上也曾受到中国工艺美术大师吕尧臣先生的指点。1996 年拜高级工艺美术大师江建翔为师。作品深受紫砂收藏者喜爱。

↘**高旭峰　王翔（刻）　大德钟壶**
　　壶高 12.3 厘米，2014 年 12 月 4 日由北京匡时拍出，成交价 460,000 元人民币。

↘**高旭峰　高德壶**
　　此壶点、线、面比例协调，端庄俊逸、深沉浑厚，壶身莹润如紫玉，造型古朴稳重。壶高 13 厘米，2012 年 5 月 26 日由北京翰海拍出，成交价 345,000 元人民币。

袁国强　制作工艺精湛，稳重而朴实

　　袁国强，1970 年出生于江苏宜兴，高级工艺美术师。20 世纪 80 年代末期开始学艺，90 年代初师从高级工艺美术师张庆臣，在宜兴紫砂工艺厂研究所从事紫砂设计创作工作，以仿制传统作品入门。期间得到工艺美术大师何道洪的悉心指教。经刻苦钻研，技艺基本功扎实，尤以全手工见长。作品多以难度较高的菱花、方器等为主，制作工艺精湛，稳重而朴实。作品"葵仿古"获 2001 杭州西湖博览会中国工艺美术大师精品博览会优秀作品奖；作品"紫砂盉"获第三届中国工艺美术精品博览会铜奖；作品"玉带壶"获苏州中国紫砂精品展金奖；作品"龙生九子"获杭州国际民间手工艺品展金奖；2002 年 9 月，作品"圆珠"获杭州国际民间手工艺品展银奖。

ↄ **袁国强　和合壶**

　　此壶器型古朴稳重，以南瓜为壶体，筋纹深深扣入壶内，生动自然，瓜柄为壶盖，嵌盖严丝合缝，壶盖的筋纹与壶身精准配合，隔空观之，造型逼真，栩栩如生。

ↄ **袁国强　玉璧壶**

姚志源　家学深厚，制陶与绘画篆刻相结合

　　姚志源，1971年生于江苏宜兴丁蜀镇，高级工艺美术师、江苏省工艺美术协会会员。1989年高中毕业后进入宜兴紫砂工艺厂跟随母亲汪寅仙（中国工艺美术大师）学习紫砂壶艺。

　　1992年曾在中央工艺美术学院进修学习。他不仅能创新制作，而且有较高的综合艺术素养，有较好的书画功底，擅长在自己的作品上展示他的绘画篆刻艺术，使作品更具艺术品位。

↘姚志源　红梅提梁壶

↘姚志源　事事如意套壶

范泽锋　作品以光素精雕见长

　　范泽锋，1976年生于江苏宜兴陶艺世家，又名哲丰，字文成，高级工艺美术师，中国工艺美术学会会员、紫砂艺术委员会会员。1993年于江苏省丁蜀职业学校紫砂工艺专业班学习毕业，2002年在中国工艺美术造型设计进修班学习结业。师从中国紫砂艺术名人、高级工艺美术师张庆臣先生。作品以光素精雕艺术见长。其作品参加国内外展览屡获大奖，其中"木纹西施茶具"荣获中国名茶博览会暨"中国紫砂艺术精品展"金奖，"太极如意"荣获第五届中国工艺美术大师精品博览会创新艺术金奖等。

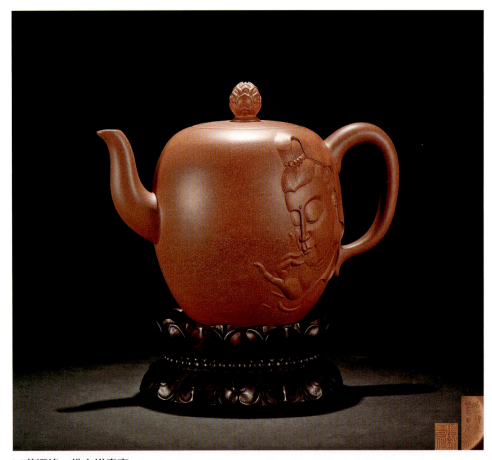

◥**范泽锋　佛心禅意壶**

　　壶长20.5厘米，高15.4厘米；2014年12月10日由上海泓盛拍出，成交价207,000元人民币。

堵江涛　极具发展潜力的青年紫砂艺术家

　　堵江涛，1973年出生，高级工艺美术师。1973年出生于陶都江苏宜兴的一个艺术之家，父亲及兄长早年都从事美术教育工作，因受家庭的熏陶，自幼对艺术有较好的悟性，20世纪90年代初期开始学习壶艺。2006年其兄堵江华受聘成为中国艺术研究院首位紫砂艺术教授、研究生导师，堵江涛作为助手，参与筹备成立中国紫砂艺术院的前期基础工作。其作品题材继承传统又不乏新意，做工精致，深受紫砂爱好者的欢迎。在北京工作的这些年，随着其视野的开阔和自身的积极努力，使堵江涛的紫砂艺术创作能力有了很大的提升，成为同辈中最有发展潜力的青年紫砂艺术家之一。

↘ 堵江涛　葵仿古壶

↘ 堵江涛　鱼化龙壶

范卫强　优秀的中青年陶艺家

范卫强，1971 年生于江苏宜兴陶艺世家，国家级高级工艺美术师，为清末民初紫砂大家范大生第四代嫡传。优秀中青年陶艺家，中国工艺美术学会会员，江苏省工艺美术师，范家壶庄副总工艺师。

1990 年进入宜兴紫砂工艺二厂学习紫砂壶艺，1992 年被选拔进二厂紫砂研究所，随叔叔范伟群学习紫砂陶艺的创作设计。作品以光、花器见长，造型别具一格，像"佛肚竹""藏六方""六方莲子""云龙套具""向往"等，素雅大方，朴实端庄，充分继承了经典传统的韵味。2002 年进修于紫砂高级研修班，后就读于南京商学院工艺美术设计专业，专业水平得到了较大的提高，在国内的陶艺精品评比中屡次获奖。2004 — 2005 年间曾二度受邀赴韩国进行陶艺交流。

↘ 范卫强　思亭壶

潘跃明　基本功扎实，88级徒工第一名

潘跃明，1971年生于陶都江苏宜兴，国家级高级工艺美术师。中国工艺美术学会会员、江苏省工艺美术学会会员。1986年，进入宜兴紫砂职业高中，学习陶瓷造型、雕塑，1988年进入宜兴紫砂工艺厂随谈跃伟老师学艺，常常受到主任吴群祥老师的指点，所制"报春壶"，在学徒结束考工中获得88级徒工第一名。1992年，随丁亚平先生学艺。1993年进入中央工艺美术学院陶瓷艺术设计专业学习进修，多次和中央工艺美院教授王建中老师合作，作品"梅花提梁壶"被中央工艺美术学院收藏。

2001年，其设计制作的"水浪"获杭州西湖展览会工艺美术精品优秀作品奖；2002年1月，"浪花"获第四届工艺美术巨匠精品展览会银奖；2002年12月，"龙头一捆竹"获中国华东工艺美术精品展金奖；2003年，紫砂壶"祥狮"被无锡市博物馆珍藏。所制作品收录于《紫砂中青年英才集》《当代中国紫砂图典》《紫泥新韵》《中国宜兴国际陶瓷展作品集》《中国紫砂壶图录》。

↘ **潘跃明　茶具（一套）**

徐俊　博采众长，师古不泥

　　徐俊，1973 年生于江苏宜兴制壶世家，工艺美术师。中国收藏家协会紫砂艺术专业委员会副会长、江苏省陶瓷行业学会会员、中国工艺美术学会会员。自幼耳濡目染，工艺美术专业毕业后开始紫砂壶艺的制作和创新，得到多位名师指导，博采众长，师古而不拘于古，时有新品问世，被业内行家称为陶瓷新秀中的一匹骏马，在全国性（国家级）工艺美术评比中屡屡获奖。这位有潜力的陶艺家，作品入编《宜陶人》《收藏家》《壶魂》《第四、五、六、七届国家工艺美术大师精品集》《中国当代紫砂名人》等大型专业书籍，作品被多家博物馆收藏。

↘ 徐俊　晓风追月壶

↘ 徐俊　蝶恋花壶

赵曦鹏 将绘画、浮雕融于紫砂创作中

赵曦鹏，1975 年生于陶都江苏宜兴，高级工艺美术师。1992 年进入宜兴紫砂工艺厂，1993 年师从著名研究员级高级工艺美术师季益顺学艺，深得师父悉心指导。1994 年进入中央工艺美术学院进修造型设计和装饰，在紫砂艺术创作的道路上把绘画、浮雕融于壶体之上，作品以花货为主，注重突出细部的处理，工艺精制，基本功扎实，注重内涵，曾多次在国内展评会中获奖。

作品"祝寿"在 1995 年获宜兴市紫砂陶艺展览会三等奖，1998 年作品"一品清廉"被陶瓷博物馆永久收藏，2001 年 10 月"飘菱清吟"在杭州西湖第四届国际茶博会获优秀作品奖，2002 年 6 月作品"果硕"在首届中国（石家庄）小商品博览会获银奖，2002 年 11 月作品"闲逸"获第四届中国工艺美术师精品博览会及中国工艺美术优秀作品评选银奖，2003 年 3 月与师傅季益顺合作的"吉祥"组壶获第三十七届国际礼品博览会一等奖，2005 年 5 月"君悦如意壶"被无锡市博物馆永久收藏，2005 年 9 月与师傅季益顺合作"神曲壶"获第三届中国无锡太湖博览会金奖，2005 年 12 月作品"清香壶"获第七届中国（国家级）工艺美术大师精品博览会获创作艺术金奖。

↘ **赵曦鹏 金玉同贺壶**

此壶身筒由古钟造型演变而来，泥质醇厚，如金如玉，光洁的壶身线条简洁大方自然，荷叶包流，藕梗为把，把底部用莲花装饰，非常细腻。此壶 2014 年 11 月 16 日由江苏和信拍卖有限公司拍出，成交价 280,000 元人民币。

姚志泉　*深得家学真传*

姚志泉，1973 年生于江苏宜兴，工艺美术师。1990 年进入宜兴紫砂工艺厂，随母汪寅仙大师学艺，2000 年作品"四头蝠戏樱桃壶组"获江苏省工艺协会评比二等奖；2002 年作品"黛翠丹锦壶"获中国华东工艺美术精品展金奖。

↘**汪寅仙（监制）姚志泉（制）　南瓜壶**

南瓜壶壶身饱满，线条利落规整，瓜叶卷成流活泼生动，瓜弟作盖，小巧秀气，藤枝圈为把，弧度大，⊥乂细致，看来既嫩且充满弹性。此壶 2011 年 10 月 23 日由上海春秋堂艺术品拍卖有限公司拍出，成交价 74,750 元人民币。

↘**姚志泉　海棠迎春壶**

吴云峰　作品以方货为主，造型严谨挺括

　　吴云峰，1975 年出生，工艺美术师。曾受高级工艺美术师顾绍培指点，勤奋努力，技艺日益精进，基本工扎实。

　　作品主要以方货为主，擅长全手工制作，整体造型严谨、庄重、立面挺括。其作品"钻石提梁壶""雪华壶""顺六方"曾被港台收藏家收藏。其"钻石提梁套壶"获 2001 杭州西湖博览会优秀作品奖，并编入《跨世纪知名陶艺家集》《陶魂》《紫泥新韵》等书。大部分作品深受海内外壶艺爱好者的喜爱和肯定。

↘**吴云峰　砂陶汝韵壶**

↘**吴云峰　方琮壶**

↘ 堵江华　石瓢壶

王强　师承张正中大师，独具个性

　　王强，工艺美术师。其父爱好古壶，从小受其熏陶。1995 年开始随张正中老师学习绘画基础及紫砂基础技艺。2003 年正式进入宜兴紫砂工艺厂研究所张正中工作室进行创作。2004 年被宜兴紫砂工艺厂聘任为辅导老师。为了提高自身的综合素质，其间先后考入工艺美术中专班、工艺美术大专班，并进入清华工艺美术学院陶瓷设计系进修。

↘ **王强　颂帝**

↘ **王强　宿缘壶**

　　此壶壶体丰硕饱满，润泽无限，嵌盖设计使得壶肩更为平坦，设计新颖别致的壶流、壶把、壶钮，甚是可爱，整体观之简洁大方，素雅端庄。

尹旭峰　作品独具个性，技艺精湛

尹旭峰，1976 年 5 月出生，国家级助理工艺师，2012 年清华大学陶瓷系高级研修班学员，2012 年荣获手工制陶大赛一等奖。作品个性独具、构思精妙、工艺精湛，是极具发展潜力的优秀青年紫砂艺术名家之一。

↘ 尹旭峰　听秋壶

↘ 尹旭峰　马踏清秋壶

周宇杰　作品玩赏俱佳，趣雅并存

周宇杰，1977 年出生于江苏宜兴陶艺世家，工艺美术师。受姨妈高丽君、姨夫王小龙影响对紫砂艺术产生浓厚的兴趣，1995 年正式从师季益顺，后进入中央工艺美术学院进修陶瓷造型设计。

作品以既美观又实用为出发点，自然朴雅又富有人文情趣，多次在国家级陶瓷艺术精品展大赛中获奖，并被多家陶瓷博物馆收藏。

↘周宇杰　福语壶

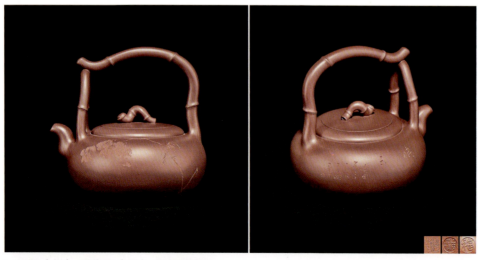

↘王翔（刻）　周宇杰（制）　敬竹提梁壶

恽志培　制壶态度严谨，技法成熟

恽志培，1970 年出生。1987 年从艺，得到工艺美术师恽益萍的启蒙教导，后得工艺美术大师顾绍培赏识，拜其为师，奠定了严谨的制壶态度。1993 年进入中央工艺美院陶瓷设计系进修，知识全面，技法成熟，擅长纯手工制作，1997 年习作深度筋纹器"仿古如意"。所制作品古朴典雅、构思巧妙、线条流畅。作品多次参加国内外大展，屡次获奖，深受国内外人士好评并收藏。

↘恽志培　松之韵套壶

↘恽志培　储峰　"四大名石"紫砂茶具

张鸿俊　崇尚古法，师古鉴今

　　张鸿俊，1970 年出生于江苏宜兴制壶世家，从小受家庭熏陶，对紫砂的热爱、对中国古代文化艺术的着迷、长期对古壶的上手观摩以及大量的摹古，造就了他深厚的对经典器型的把握能力和独特的借鉴古壶器型的再创作能力。

　　其制壶之法，崇尚古法、拍打揉滚，所成之器自然焕发出古韵老味。他的摹古作品，不仅能完美地体现经典传统的神韵和内涵，更有他自己灵动秀俊的风格。他的创新作品，看似新器型，却也透出浓浓的古味。同时，他又是一个多面手，紫砂器中，茶壶、酒具、文玩、花盆几乎无所不做。他自小学习篆刻且有相当好的篆刻功底。在他的作品上，会常用他所创作的篆刻作品，这让他的壶又增添了相当浓厚的文人韵味。

↘张鸿俊　陶鬲壶

↘张鸿俊　清莲壶

刘政　学艺精心　基本功扎实

　　刘政，1970年出生，工艺美术师。师从范卫群，学艺精心，基本功扎实，1996年参加中央工艺美术学院陶瓷造型设计进修班。作品获第七界中国工艺美术大师展金奖、西湖博览会银奖等多个奖项。踏实勤勉的学艺态度使他在业内外颇受好评。

↘ **刘政　菱宝壶**

↘ **刘政　牛盖四方壶**

袁小强　作品简洁大方，创意颇新

　　袁小强，1973 年生于江苏宜兴陶艺世家，工艺美术师。1988 年进入宜兴紫砂工艺厂拜高级工艺美术师丁亚平为师。1997 年进入中央工艺美术学院学习深造，并得到工艺美术大师徐汉棠的指点。作品简洁大方，追求"形、神、气、韵"，制作技艺尤为突出。袁小强的作品曾多次获奖，深受紫砂收藏者的喜爱。

↘ **袁小强　鸣远四方壶**

↘ **袁小强　高利壶**

堵凤娟　功底扎实，技艺全面

堵凤娟，1974 年生，工艺美术师。
1992 年师从其兄堵江华学习紫砂壶艺，
曾多次参加工艺美术高研班进修。功底
扎实、技艺全面，作品精工雅致、趣意
盎然。她是同辈中极有潜力的女紫砂艺
术家之一。

↘ 堵凤娟　浪花提梁壶

↘ 堵凤娟　菊蕾壶

↘ 堵凤娟　龙凤呈祥壶

张志才　重传统，精技艺

　　张志才，工艺美术师。师从省工艺美术大师张庆臣，也得吴群祥大师指点，重传统，精技艺，为青年紫砂名家中实力佼佼者之一。

↘ 张志才　美人肩壶

　　此款壶精气神俱备，壶身修长似唐代的美女，弯流柔韧柔和，耳形把上阔下窄，别致有趣。

↘ 张志才　乐钟壶

李寒勇　最具收藏投资潜力的"壶林"新锐

　　李寒勇，1975年生。1992年进入宜兴紫砂工艺厂，历经严谨的基础训练，擅于手工筋纹器与光器等传统紫砂的创作，筋纹器作品节奏有序，纹理精巧，逸趣率真；光素器作品线面流畅，口盖严密，古朴端庄。1997年进入南京艺术学院深造，是青年紫砂艺术名家中有思想、有个性、有实力的最具投资收藏潜力的"壶林"新锐之一。

↘ 李寒勇　和宫套壶（一组五件）

↘ 李寒勇　过桥扁腹壶

罗龙梅　作品灵秀俊逸，造型端庄大度

　　罗龙梅，1981 年生，助理工艺美术师。陶瓷行业协会会员、紫砂行业协会会员。1997 年开始先后从师于堵江华教授、周洪彬老师，十多年来，勤学善思，练就扎实的基本功，并先后多次参加工艺美术高研班进修。作品灵秀俊逸，造型端庄大度，品格清丽高雅，多次在国家级展览及博览会上获奖，颇受同行人士及爱壶人的认可。

↘罗龙梅　悟道壶

↘罗龙梅　汉铎壶

　　此壶颜色古雅，形制优美，造型如钟，平嵌盖，柱钮上部置圈线，流直口平，耳把似方，光洁素雅的壶身给人无限的想象空间，欣赏此壶别有一番韵味。

汪洋　师承正统，学艺求精

　　汪洋，1981年生于陶都江苏宜兴，助理工艺美术师，师承江苏省工艺美术大师张庆臣。常年从事陶瓷绘画和紫砂壶陶刻艺术创作，自成一家，被视为当代紫砂壶陶刻代表人物之一。

↘ **汪洋　半瓜壶**

↘ **汪洋　石瓢壶**

堵潮　清华硕士　笃学善思

　　堵潮，1989 年出生于艺术世家，清华大学硕士研究生，就读于清华美院陶瓷系，主研紫砂艺术创作。其既有紫砂艺术天赋又能勤思笃学，具备扎实的传统技艺功底。近两年来，堵潮在学习、创作的同时，积极参加传播紫砂文化的社会活动，2014 年国家教委、联合国教科文组织举行非遗进校院活动，堵潮作为特邀辅导员为多所院校的学生展示、传授传统紫砂成型技艺，作品"日月恒升壶"参加 2014 年中国工艺美术双年展。渚潮作为紫砂艺术行业同龄人中第一位清华大学硕士研究生，其扎实的功底、开阔的视野、积极进取的学研态度为他未来的紫砂艺术发展之路奠定了坚实的基础。

　↘ **堵潮（制）堵江华（铭）　汉铎壶**

↘ 堵潮（制）堵江华（铭）　高畅壶

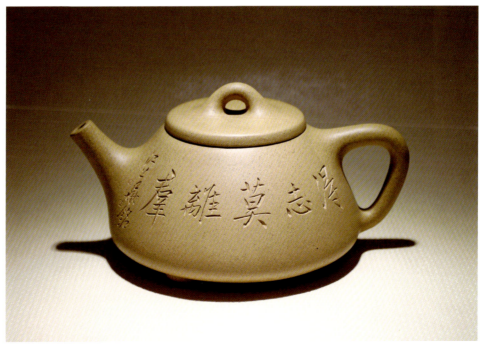

↘ 堵潮（制）堵江华（铭）　石瓢壶

后　记

　　随着近年来艺术品市场的蓬勃发展，最高端的紫砂艺术品市场单价已近三千万，而包括网络、电视、报刊杂志等各类媒体传导出各种信息、推出各类档次名目繁多的紫砂产品都刻意强调收藏价值，其中鱼龙混杂、良莠不齐，使很多紫砂收藏爱好者失去了收藏方向和目标。去年笔者应约编写一本有关紫砂艺术品收藏的参考书籍，以最专业的视角，主要从收藏投资的角度讲述紫砂，用科学的眼光介绍紫砂的材料和工艺，用理性的思维介绍紫砂艺术作品收藏价值评判的基本规律，客观地解析当前有关紫砂的热点话题，公正地介绍当代最有收藏价值和投资潜力的现当代紫砂艺术家群体。

　　历时一年多，在编辑和同道朋友的共同努力下终于成稿。在此特别感谢北京紫图图书有限公司《拍卖年鉴》编辑部对本书提供权威拍卖数据，让本书具备了对收藏投资者而言至关重要的、更有公信力的市场成交信息。

　　本书从数以千计的紫砂艺术名家中选编一百多位或艺术成就卓越、或行业地位突出、或极具发展潜力的现当代紫砂名家入集，需要特别说明：行业中还有很多优秀的艺术家，因为相关资料收集整理工作量大，其中许多因为图片达不到出版印刷的要求，此次未能入编，在此表示歉意！同时，此次选编过程中，编辑部门听取各方意见建议我将入编的艺术家分列不同的板块，以便广大的紫砂艺术爱好者或收藏家根据自身的状况关注相应的艺术家群体。入编各板块的艺术家根据年龄、职称等社会注重的因素作为排序基础，编辑根据版面效果也有部分调整，在此说明：排序前后与艺术成就、个人行业地位、作品市场定位没有必然的联系，如有不周之处，敬请有关前辈、同道谅解！另外，有关艺术家个人资料可能在收集整理过程中有所疏漏或已有变更而未能及时更正，也敬请谅解！

此外，特别感谢北京紫图图书有限公司编辑张耀强、安莎莎为本书编辑工作付出了辛勤努力；特别感谢袁雪征主任、陈连琦女士、厉洁莹女士为本书成稿过程中给予的热心支持；感谢艺境禅意空间和鞠倚天、李景军先生为丰富本书图片所做的努力。同时感谢北京联合出版公司以及所有参与本书编辑、排版、印刷等各环节的工作人员，对你们的认真付出，报以真诚的感谢！

文砂　堵江华

2015 年 5 月于北京国粹苑

图书在版编目（CIP）数据

现当代紫砂名家作品鉴赏投资宝典 / 堵江华著.
--北京：北京联合出版公司, 2015.5

ISBN 978-7-5502-5391-9

Ⅰ.①现… Ⅱ.①堵… Ⅲ.①紫砂陶—鉴赏—中国
②紫砂陶—投资—中国 Ⅳ.①K876.3②F724.59

中国版本图书馆CIP数据核字（2015）第104659号

现当代紫砂名家作品鉴赏投资宝典

项目策划　紫圖圖書 ZITO®
丛书主编　黄利　监制　万夏

作　　者　堵江华
责任编辑　宋延涛　徐秀琴
特约编辑　张耀强　陈连琦　安莎莎
装帧设计　紫圖圖書 ZITO®
封面设计　紫圖裝幀

北京联合出版公司出版
（北京市西城区德外大街83号楼9层　100088）
联城印刷（北京）有限公司　新华书店经销
220千字　787毫米×1092毫米　1/16　17印张
2015年5月第1版　2015年5月第1次印刷
ISBN 978-7-5502-5391-9
定价：158.00元

精品畅销书出版专家
BEIJING ZITO BOOKS CO., LTD.

ZITO 全球拍卖年鉴系列　中国收藏家协会会长　审定推荐

◎ 中国唯一最全面、权威的拍卖年鉴大全　　北京联合出版公司　定价：199元/册

ZITO 意见反馈及质量投诉

　　紫图图书上的ZITO专有标识代表了紫图的品质。如果您有什么意见或建议，可以致电或发邮件给我们，我们有专人负责处理您的意见。您也可登录我们的官网 www.zito.cn，在相应的每本书下留下纠错意见，纠错人将得到一定奖励。如果您购买的图书有装订质量问题，也可与我们联系，我们将直接为您更换。

联系电话：010-64360026-103　　　　　联系人：总编室
联系邮箱：kanwuzito@163.com　　　　　紫图官网：www.zito.cn

ZITO 官网试读：先读后买，买得放心

强烈建议您进入官网试读

紫图官网：http://www.zito.cn/

试读其他高清晰电子书，先看后买！

紫图淘宝专营店：http://ztts.tmall.com（直接买，更划算）
紫图微博：@ 紫图图书（每日关注，阅读精彩）
名牌志微博：@ 名牌志 BRAND
订购电话：010-84798009　64337183

"爱读"每天为您分享好书、精选书摘！
扫一扫，加入爱读，收听精彩生活

进入紫图官网每本书都有高清晰试读！

潮流·收藏|就看这一本 一线专家带你早人一步紧抓最热门收藏潮流

水晶鉴赏购买指南
定价：99元

碧玉玩家实战必读
定价：158元

和田玉玩家实战必读
定价：158元

翡翠玩家实战必读
定价：199元

红珊瑚收藏投资完全指南
定价：199元

民国家具鉴藏必读
定价：199元

京城第一籽教你盘藏菩提子
定价：128元

京城第一籽教你挑橄榄核雕
定价：99元

沉香收藏投资指南
定价：99元

琥珀蜜蜡鉴赏购买指南
定价：99元

文玩核桃鉴赏购买指南
定价：88元

于老师这样挑手串
定价：88元

手腕上的财富:串珠
定价：99元

南红玛瑙收藏投资指南
定价：88元

串儿经
定价：99元

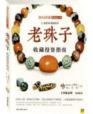
老珠子收藏投资指南
定价：99元

紫檀收藏投资指南
定价：99元

手把件鉴赏购买指南
定价：99元

BRAND|名牌志 中国第一奢侈品图书品牌

白玉玩家实战必读
定价：199元

行家这样选沉香
定价：128元

宝石购买投资圣经 2
定价：99元

爱马仕大图鉴
定价：99元

2015全球奢侈品年鉴
定价：159元

2015世界名表年鉴
定价：199元

宝石购买投资圣经
定价：99元

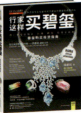
行家这样买碧玺
定价：128元

行家这样买宝石
定价：128元

行家这样买南红
定价：128元

行家这样买翡翠
定价：128元

行家这样买钻石
定价：158元